"Si la vida te ha tomad y aterrador, *Esto no e* Kristen y Bethany han estado ahí. En estas páginas, comparten sus decepciones, desamores y temores más profundos. Ambas son talentosas escritoras. Te reirás y llorarás; pero sobre todo, apreciarás el consejo de estas sabias amigas que te enseñan cómo caminar a través del dolor y la incertidumbre hacia un mañana lleno de esperanza".

Mary A. Kassian, autora de *Chicas sabias en un mundo salvaje*

"¿Qué haces cuando tu historia de 'había una vez' no parece ir en la dirección de 'felices para siempre'? En *Esto no estaba en los planes*, Bethany y Kristen abordan las batallas que enfrentamos cuando la vida toma giros que no deseamos, y nos muestran por medio de las Escrituras y de su experiencia que nuestra esperanza suprema se encuentra en Cristo. Incluso en las decepciones de la vida, podemos estar completamente seguras de que el plan superior de Dios es para nuestro bien y para su gloria".

Gretchen Saffles, autora de *The Well-Watered Woman*, fundadora de Well-Watered Women

"Esta generación que se oculta detrás de un filtro necesita urgentemente una dosis de realidad que la dirija hacia la verdadera fuente de esperanza. Por esa razón, Kristen y Bethany han dado un paso audaz para abrir sus corazones de manera cruda y vulnerable, con el fin de relacionarse contigo en esta etapa. Toma sus manos y permite que te guíen por el sendero correcto. Créeme, a lo largo del camino encontrarás gozo verdadero. ¡Encontrarás a Jesús!".

Betsy Gómez, popular autora, oradora y bloguera, llena de pasión por ayudar a otros a saborear el evangelio

"Leer *Esto no estaba en los planes* me desafió a poner mi vida en manos de Dios. Kristen y Bethany tienen un hermoso don para combinar verdades teológicas con estímulo práctico, para cualquier jovencita en cualquier temporada. Si estás buscando encontrar esperanza en que los caminos de Dios son mejores, este libro es para ti".

Tara Sun, conductora del pódcast *Truth Talks with Tara*

"*Esto no estaba en los planes* es una lectura obligada para las muchachas de todas las edades que quieren entender la voluntad de Dios para sus vidas. Este es otro excelente libro de Kristen y Bethany, quienes de manera única, logran ser auténticas y bíblicas, ¡algo que nuestra cultura necesita desesperadamente! Después de leer este libro, te sentirás renovada y lista para confiarle tu historia a Dios. ¡Muy recomendable!".

Julia Jeffress Sadler, autora de *Pray Big Things*
y conductora del show *Unapologetic*

"En un momento en que los libros de autoayuda a menudo reemplazan la enseñanza bíblica sólida, a las mujeres en la cultura actual se les enseña que su fuerza interior puede ayudarles a tener éxito o a 'convertir' sus sueños en realidad. El estándar mundial dice que la incapacidad de superar los tiempos difíciles y las desilusiones se debe a que no nos esforzamos lo suficiente. El libro de Bethany y Kristen reitera la verdad de Dios: Él es la fuente suprema de fortaleza y en quien se originan nuestro propósito y gozo, en medio de las temporadas difíciles. Este libro me habló profundamente con relación a muchas heridas y 'decepciones' que he experimentado a lo largo de los años, e incluso respecto a dificultades con las que estoy lidiando actualmente. Señala a Jesús una y otra vez como nuestra esperanza y fuente de satisfacción. Estoy muy contenta de no tener que lidiar en mis fuerzas con los fracasos o las decepciones hasta lograr 'ser mejor', sino que puedo llevarlo todo a Jesús, el autor y consumador de nuestra fe".

Emma Faye Rudkin, fundadora de Aid the Silent

"Los planes son curiosos. ¡En un minuto, pueden hacernos sentir como si estuviéramos en la cima del mundo, y al minuto siguiente, rompernos el corazón! Kristen y Bethany saben lo que es ver sus planes fracasar y están aprendiendo, junto con el resto de nosotras, a confiarle lo inesperado a un Dios amoroso. ¡Estas hermanas te harán reír, llorar y enamorarte más de Jesús, cuyo plan nunca falla!".

Naomi Vacaro, fundadora de Wholehearted Quiet Time

"Kristen y Bethany nos recuerdan de manera hermosa que el evangelio se aplica a todas y cada una de las etapas de la vida. ¡Un recordatorio muy necesario para mujeres de todas las edades! Definitivamente, una lectura obligada".

Abby Houston, fundadora de Melodically Memorizing

esto no estaba en los planes

esto no estaba en los planes

CONFÍA EN DIOS EN LOS GIROS INESPERADOS DE TU HISTORIA

KRISTEN CLARK *y* BETHANY BEAL

Editorial
PORTAVOZ

La misión de *Editorial Portavoz* consiste en proporcionar productos de calidad —con integridad y excelencia—, desde una perspectiva bíblica y confiable, que animen a las personas a conocer y servir a Jesucristo.

Título del original: *Not Part of the Plan*, copyright © 2021 por Kristen Clark y Bethany Beal, y publicado por Baker Books, una division de Baker Publishing Group, Grand Rapids, Michigan, 49516, U.S.A. Todos los derechos reservados. Traducido con permiso.

Edición en castellano: *Esto no estaba en los planes* © 2023 por Editorial Portavoz, filial de Kregel Inc., Grand Rapids, Michigan 49505. Traducido con permiso. Todos los derechos reservados.

Traducción: Carina Valerga

EDITORIAL PORTAVOZ
2450 Oak Industrial Drive NE
Grand Rapids, Michigan 49505 USA
Visítenos en: www.portavoz.com

ISBN 978-0-8254-5014-3 (rústica)
ISBN 978-0-8254-7038-7 (epub)

1 2 3 4 5 edición / año 32 31 30 29 28 27 26 25 24 23

Impreso en los Estados Unidos de América
Printed in the United States of America

CONTENIDO

capítulo 1

Cuando los sueños no se hacen realidad

Yo (Bethany) tengo una confesión que hacer. Lo que estoy por compartir contigo alguna vez fue un triple secreto hiperconfidencial. De toda mi familia, nadie sabía este secreto a excepción de mi papá, mi mamá y Kristen. Te haría prometer que no se lo dijeras a nadie, pero ya solté la lengua. Tienes permiso para reírte o sentir vergüenza ajena. ¿Estás lista? *Compré el vestido de novia de mis sueños cuando tenía veintidós años y estaba completamente soltera.*

¡No! No estoy bromeando.

Existen dos tipos de personas en este mundo: los que florecen en el riesgo, hacen planes a medida que avanzan y actúan de manera totalmente innovadora, y luego aquellos que quieren sentirse seguros, tener un plan específico y vivir dentro de lo predecible. Soy del primer tipo. Kristen es del segundo tipo. No hay un tipo mejor que el otro. Simplemente, son diferentes. Esto te ayudará a comprender un poco mejor mi decisión alocada.

Corría el año 2011. ¡Hace una eternidad!, lo sé. Kristen estaba comprometida con su actual esposo, Zack, y estábamos en pleno modo planificación de bodas. Digo "nosotros", porque esta boda fue un asunto familiar en todos los sentidos. Con cinco hijas en nuestra familia, puedes imaginar los altibajos, las lágrimas y los gritos de alegría que nos caracterizaban. Digamos que no nos faltaba estrógeno en nuestra casa. Las emociones eran extremas. Pobre papá. Kristen era la primera hermana en casarse, así que se trataba de un gran acontecimiento. Como dama de honor de Kristen, estuve involucrada en casi cada aspecto del proceso de planificación de la boda.

Un día salimos a comprar el vestido de novia perfecto. Si alguna vez has salido en busca de un traje de bodas para ti o para alguna amiga, sabes cómo puede llegar a ser. No es una actividad que garantice sonrisas ni éxito. Puede ser estresante y difícil; agotador y, en ocasiones, hasta te dan ganas de llorar. Hay tanta presión para encontrar el "vestido de tus sueños", que todo el proceso puede volverse abrumador para las novias (y sus hermanas).

Así nos sucedió a nosotras. Habíamos visitado algunas tiendas que no tenían nada que ofrecer. Kristen comenzaba a sentirse desanimada. Mamá intentaba alentarla, y yo trataba de elogiar cada traje que se probaba. Entramos a otra tienda esperando lo mejor. Kristen comenzó a probarse vestidos de nuevo. Nuestra pequeña pandilla se reunió para observar. Uno a uno se ponía y quitaba los vestidos. Después de varias pruebas, Kristen se puso el vestido más hermoso que jamás había visto. Parecía una cenicienta moderna, recién salida de la varita del hada madrina. La parte superior estaba llena de destellos y diamantes de imitación. La parte inferior era elegante, extensa y fluida con una hermosa tela de gasa. Parecía una novia de ensueño.

Lamentablemente, cuando Kristen se miró en el espejo, no vio a Cenicienta. Le encantaba el vestido, pero no era para *ella*. Debió de haber visto mis ojos brillantes, porque comentó que pensaba que el vestido parecía ser más para mí que para ella. Asentí con la cabeza.

"¡Deberías probártelo!", dijo Kristen con una sonrisa.

No estoy segura de lo que sucedió dentro de mí, pero perdí todo contacto con la razón.

Cualquier hermana normal habría desistido amablemente. Pero supongo que no soy una hermana normal. Llámame loca, pero nunca había visto un vestido tan perfecto en toda mi vida. Y recuerda, no hago nada de manera convencional.

Retrocedí un poco para ver si Kristen hablaba en serio, y comprendí que sí. Entonces pensé: *Bien, lo voy a hacer*. Debo de haber sorprendido a la vendedora que estaba atendiendo a Kristen, cuando le pregunté si podía probarme el mismo vestido. Seguro que no le sucede a menudo. Un poco incómoda, la vendedora abrió un nuevo probador para mí, y me probé el vestido con entusiasmo.

Ahora, escúchame. Cuando entré en la tienda ese día con Kristen, no tenía ninguna intención de comprar un vestido de novia para mí. Eso era lo último en mi radar. Estaba completamente soltera. No había boda a la vista. Pero no tengo ningún problema con improvisar de manera alocada.

En el momento en que salí del probador para mostrarles a Kristen y a mi madre el vestido, ambas comenzaron a pegar gritos de alegría. "¡Es cien por ciento para ti! —dijo Kristen sacudiendo su cabeza y sonriendo—. Mil por cien para ser más exacta".

Tuve que darle la razón. El vestido, sin duda, era para mí. Además, me calzaba a la perfección. Antes de que pudiera volver a mis cabales, una ola de temor se apoderó de mí. *¿Qué pasa si este vestido ya no está disponible cuando me case? ¿Qué ocurre si dejan de ofrecer este modelo? ¿Qué sucede si busco durante meses y meses, y no puedo encontrar nada similar?*

Ese miedo me llevó a tomar una decisión drástica y totalmente extraña. Compartí mis pensamientos con Kristen y nuestra madre, y para mi sorpresa, ni siquiera intentaron convencerme de lo contrario. De hecho, Kristen me animó a comprar el vestido en ese mismo momento si de verdad me gustaba tanto. ¡Qué hermana!

La vendedora estaba completamente confundida cuando le pedimos que empaquetara ese vestido para *mí*. Imagina la escena: Kristen entra buscando un vestido, y yo salgo comprando uno. Nunca olvidaré lo que la vendedora me preguntó cuando estaba en la caja:

—Entonces, ¿cuándo es tu gran día, querida?

Con las manos transpiradas de los nervios, le respondí de la mejor manera que pude improvisar:

—Oh, todavía estoy trabajando en eso.

Ella sonrió y no preguntó más.

Cuando salíamos de la tienda, una sensación emocionante se apoderó de mí. Tal vez el día de mi boda no estaría demasiado lejos después de todo. No tenía ni idea de que mi vestido perfecto permanecería colgado en un rincón de mi armario durante muchos, muchos años. Ese pequeño secreto permanecería oculto en las sombras de mi vida, mientras mis sueños de casarme no se cumplieran. A medida que pasaban los años, me preguntaba cuándo vendría mi príncipe azul a rescatarme. Kristen estaba ya asentada en la vida matrimonial, y yo anhelaba lo mismo. Pero pasaban los años, y yo continuaba soltera. Cada vez que abría mi armario y veía ese vestido colgando allí, estratégicamente disfrazado detrás del resto de mi ropa, sentía el dolor de la desilusión. La vida no estaba resultando como la había imaginado. Esto no era parte del plan, ni siquiera cerca. Tenía el vestido del cuento de hadas, pero sin un príncipe guapo para acompañarlo.

Lo inesperado

Cuando algo en la vida no resulta de la manera que esperas, puede ser realmente difícil de aceptar. Pero no tengo ni que recordártelo. Sabes muy bien de lo que estoy hablando. Ya sea que estés en tu adolescencia, que tengas veinte años o más, soltera o casada, también te has enfrentado a giros inesperados en tu historia.

Tal vez no tengas un vestido de novia sin usar colgado en el fondo de tu armario, pero tus padres se divorciaron cuando eras joven, y ese suceso te conmocionó. O quizá tu novio o prometido, de repente, haya roto la relación, dejando un vacío doloroso en tu vida. Tal vez hayas recibido un diagnóstico de salud que nunca viste venir. Es posible que te encuentres atrapada en un pecado habitual, preguntándote cómo ser libre. Quizá eres la mujer que se ve feliz por fuera, pero se siente sola y miserable por dentro. Tal vez experimentaste abuso a manos de alguien que debería haberte protegido. (Por favor, lee la página 113 con respecto al abuso). O, como yo, pensaste que el matrimonio llamaría a tu puerta mucho antes de esto.

Sea lo que sea que estés enfrentando ahora, que hayas enfrentado en el pasado o que enfrentarás en el futuro, una cosa está clara: la vida es impredecible. Y es difícil. A menudo decepcionante. Y lo más seguro es que es desafiante.

Pregúntale a cualquier persona mayor de sesenta años si su vida resultó exactamente de la manera que la imaginaba, y será difícil encontrar a alguien que diga que sí. La vida rara vez se desarrolla como la planeamos.

> Sea lo que sea que estés enfrentando *ahora*, que hayas enfrentado en el *pasado* o que enfrentarás en el *futuro*, una cosa está clara: la vida es *impredecible*.

Yo (Kristen) me enfrenté cara a cara con esta realidad durante los primeros años de mi matrimonio. Por supuesto que había enfrentado desafíos antes, pero de lejos, este fue el más difícil. Al crecer, siempre había imaginado mi futuro con un esposo guapo a mi lado y una casa llena de niños correteando por allí. Bueno, la parte del esposo guapo resultó bien, pero nunca imaginé lo desgarradora que sería la próxima década en cuanto al tema de los niños.

Cuando era niña, me encantaba jugar a la casa. Era uno de mis juegos favoritos. En realidad, ni siquiera estoy segura de que, técnicamente, pueda llamarse un juego, ya que no hay una portería ni un ganador. Tan solo juegas a imaginarte. ¿Alguna vez lo hiciste? Esto era mucho antes de que existieran los teléfonos inteligentes y las tabletas. Era simplemente una fantasía. Por supuesto, me encantaba ser la mamá y mangonear a mis pequeños hermanos. Era mi derecho como hermana mayor (al menos era lo que me repetía a mí misma). No estoy segura de por qué era tan divertido jugar a la casa, pero me gustaba mucho. Tal vez activaba mi impulso maternal dado por Dios. Sea lo que fuere, me encantaba ser la mamá. Cuando mis hermanos no estaban disponibles para jugar conmigo, jugaba con mi muñeca más especial llamada Kathryn. Esa muñeca bebé era mi juguete favorito. La recibí como regalo de cumpleaños cuando tenía dos años y todavía la tengo. Cuando era niña, Kathryn iba conmigo a todas partes. Y de verdad me refiero a todas partes: las fiestas de cumpleaños de mis amigas, los viajes familiares por la carretera, los campamentos, las reuniones, las excursiones, lo que sea, Kathryn venía a cuestas. Si las muñecas pudieran hablar... oh, ¡cuántas historias podría contar! Estaba tan apegada a esta muñeca que comencé a orar para que Dios la convirtiera en una bebé *real*. Raro, lo sé.

Por meses hice la misma oración cada noche, pero todas las mañanas Kathryn me miraba con esos mismos ojos azules sin pestañear. Mirando hacia atrás, me alegro de que Dios no haya respondido a mi oración. ¿Te imaginas? Si la muñeca hubiera cobrado vida, habría sido como una película de terror. A pesar de que mis oraciones quedaron sin respuesta, nunca perdí ese deseo por un bebé real.

Como la mayoría de las mujeres, asumí que sería fácil quedar embarazada. Después de que Zack y yo nos casamos, estábamos abiertos a tener hijos cuando fuera que sucediera. Básicamente, no hacíamos nada para impedirlo. Después de tres años, solo me quedaban los dolorosos recuerdos de dos abortos espontáneos consecutivos. Mi corazón estaba destrozado. ¿Qué rayos estaba pasando? Vengo de una larga línea de mujeres fértiles y partos robustos. Mi mamá nunca tuvo problemas para quedar embarazada. De hecho, dio a luz a nueve bebés. ¡Sin epidurales! Y seis de ellos fueron partos en casa. ¡Boom! Sí, ella era una profesional en cuanto a dar a luz. Así que puedes ver por qué pensé que para mí también sería fácil. Pero ahí estaba, luchando por quedar embarazada y, aparentemente, incapaz de llevar un embarazo a buen término.

Compartiré más de mi historia en los capítulos siguientes, pero mientras escribo estas palabras, ya he experimentado tres abortos espontáneos devastadores y, entremedio, muchos años dolorosos de infertilidad inexplicable.

Esta no es la historia que habría escrito para mi vida. No es lo que esperaba. No estaba en los planes.

Y antes de que pienses que manejé esas pérdidas y decepciones como una estrella de rock, te digo que no fue así. Después de mi tercer aborto espontáneo, quedé muy enojada con Dios. Mi corazón se sentía como si hubiera sido azotado espiritualmente. Luché por creer que Dios era bueno, aunque todo lo que sentía era dolor.

La Biblia me decía que Dios era misericordioso y bondadoso, pero todo lo que podía ver era dolor y pérdida. ¿Por qué un Dios amoroso me permitiría quedar embarazada, solo para luego llevarse a mis bebés? ¿Por qué un Dios soberano elegiría escribir mi historia de esta manera? Mi corazón luchaba por hacer las paces con esta realidad.

La vida no es fácil

Tal vez tú también hayas vivido una lucha similar en tu corazón. Está bien admitirlo. Aquí estás entre amigas. Tal vez también hayas experimentado el dolor de un aborto espontáneo y todavía estés sufriendo esa pérdida. O tal vez no haya sido algo tan grande y dramático. Las pequeñas pérdidas también pueden ser realmente desafiantes. Las preguntas más pequeñas pueden ser difíciles de manejar. Ver a todos tus amigos pasar a la siguiente temporada de la vida mientras tú no lo haces es difícil. Ver una foto en las redes sociales de una fiesta a la que no fuiste invitada es difícil. Comenzar en un nuevo trabajo con tantas incógnitas es difícil. Interesarte por un joven piadoso que nunca parece fijarse en ti es difícil.

Tengo una amiga más joven que tenía en su corazón el deseo de ir a una universidad específica después de la escuela secundaria. Trabajó muy duro para obtener buenas calificaciones e hizo lo que tenía que hacer para cumplir los requisitos para esa universidad. Después de enviar la solicitud, esperó en ascuas con gran anticipación a que llegara la carta de aceptación. Este era su sueño. Ella oraba todos los días al respecto. Pero para su sorpresa y decepción, no fue aceptada. La universidad dijo que no estaba lo suficientemente calificada. Esto fue devastador para ella. Había trabajado por eso durante años. Por supuesto, tal vez para ti no sea el fin del mundo, pero para ella fue asolador. Luchó con Dios en su corazón. Estaba enojada con Él. ¿No conocía Dios todo lo que ella se había esforzado? ¿Por qué lo permitiría?

¿Y qué del caso de otra de mis amigas que recibió un diagnóstico de salud que reducía su esperanza de vida a la mitad? *¡A la mitad!* Escúchame, tiene solo veintitantos años. Está luchando todos los días por tener fe. Al igual que muchas de nosotras, ella tiene el conocimiento en su cabeza acerca de Dios, pero está luchando por tener fe en su corazón para abrazar plenamente estas verdades. Desde un punto de vista humano, su futuro da miedo. Totalmente desconocido.

¿Cómo sigue adelante con el peso de noticias tan devastadoras? ¿Cómo confía en un Dios que permitió que sucediera algo tan horrible?

Y luego está mi otra amiga, que conoció a un muchacho cristiano increíble y pensó que era el indicado. Él era todo por lo que ella había estado orando: piadoso, amable, guapo, inteligente, gracioso y disciplinado. Pero después de nueve meses de citas, comenzó a mostrar sus verdaderos colores. No era todo lo que se esperaba. La fachada que portaba se derritió como un helado en un caluroso día de verano. Mi amiga no quería enfrentar la realidad. Le dolía demasiado. Pero sabía que sería una tontería mantener esa relación. Con el corazón roto y una almohada repleta de lágrimas, decidió terminar las cosas con él. Pero después, no se sintió mejor, sino peor. No solo había perdido a un buen amigo, sino también su sueño de casarse. Su futuro parecía sombrío, llano, aburrido. ¿Cómo podría seguir adelante y encontrar nuevamente el gozo? ¿Cómo podría confiar en Dios de nuevo?

Estas historias y luchas son reales y muy duras. La vida no es fácil. Probablemente, hayas escuchado el viejo dicho: "O sales de una prueba, entras a una prueba o estás en medio de una prueba". Reconfortante, ¿verdad?

Entonces, ¿cómo se supone que enfrentemos la vida? ¿Cómo nos aferramos a nuestra fe y permanecemos anclados en Cristo cuando la vida no resulta de la manera que habíamos planeado? ¿Cómo encontramos la verdadera paz cuando nuestras emociones se sienten como una alocada montaña rusa? ¿Cómo vivimos con esperanza cuando nuestro corazón sufre por anhelos insatisfechos? ¿Cómo abrazamos el plan único de Dios para nosotras cuando parece que todos los demás obtienen exactamente lo que quieren?

Giros inesperados

Al fin y al cabo, es tan simple y complicado como esto: o Dios es cien por ciento soberano, o bueno, no lo es. No hay un punto intermedio. Dios no puede ser la mayoría de las veces soberano (que es una palabra elegante para decir que Él es el Señor de todo), ni la mayoría de las veces bueno. O es todo o nada. Ser la mayoría de las veces soberano significaría que Dios es Señor solamente sobre algunas cosas en este universo, pero no sobre otras. Ser la mayoría de las veces bueno significaría que Dios es bueno en ciertos momentos, pero no en otros. ¿Cómo funcionaría eso? ¿Cómo podría Dios ser Dios? No podría. Y un Dios real no podría funcionar de esa manera.

Bethany y yo nos hemos encontrado en la encrucijada de esta tensión muchas veces. Cada vez que alguna de nosotras ha luchado con sus propias decepciones, anhelos insatisfechos y dolor, hemos tenido que enfrentarnos con estas preguntas. *¿Es Dios totalmente soberano en este momento tan difícil, o no lo es? ¿Es Él realmente bueno en este momento, a pesar de que no puedo ver más allá del dolor que estoy sintiendo?* Vamos a hablar más acerca de la bondad de Dios en el capítulo 5.

Mientras te enfrentas a tus propios giros inesperados en el misterioso camino de la vida, también tendrás que entrar en esta tensión. No puedes ignorarlo. La realidad es que lo que elijas creer sobre Dios en los rincones más profundos y oscuros de tu corazón, tendrá un impacto drástico en la forma en que respondas ante la vida. Especialmente, frente a las situaciones difíciles.

Hay un pequeño versículo en el Salmo 138 que ha sido un ancla para nosotras en estos últimos años. Es una pequeña promesa que puede pasar fácilmente inadvertida, pero que contiene la clave para hacerles frente a todas las locuras de la vida. Aquí está:

Jehová cumplirá su propósito en mí;
Tu misericordia, oh Jehová, es para siempre (v. 8).

Este versículo hace todo bien, donde nosotras hacemos casi todo mal. Nos recuerda que el *Señor* tiene un plan. Que Él tiene un buen propósito para nuestras vidas. Él se preocupa por nosotras. Él nos ve. Él está trabajando en nosotras y por medio de nosotras para su gloria. Su amor es firme y perdura para siempre. Sí, sus propósitos tal vez incluyan sufrimiento, dolor y pruebas, pero no son en vano. No son caprichosos ni inútiles. El objetivo de Dios en todo esto es acercarnos a Él y moldear nuestro carácter para que podamos llegar a parecernos más a Cristo (Santiago 1:1-4; 2 Corintios 5:9; 1 Corintios 10:31).

Dios quiere obrar en nuestras vidas por medio de nuestras pérdidas. Quiere profundizar nuestra fe por medio de nuestro dolor. Quiere mostrarnos su amor y consuelo mediante nuestros anhelos insatisfechos. Quiere usar nuestras vidas como un testimonio de su fidelidad. Quiere impulsar a nuestro mundo perdido y quebrantado de vuelta al Salvador, Jesucristo. Quiere usar nuestras desilusiones para acercarnos a Él.

Cuando consideras tu vida en este momento, no puedes ver más allá de hoy. Todo lo que puedes ver es lo que sucedió en el pasado y lo que está sucediendo en la actualidad. No tienes la imagen completa. No sabes lo que Dios está haciendo. Como dijo un pastor: "Dios nos dará lo que pedimos en oración o nos dará lo que hubiéramos pedido si supiéramos todo lo que Él sabe".[1]

Imagina que estás sosteniendo un pequeño canuto, tratando de mirar a través de él. ¿Cuánto podrías ver? No mucho. Esa es tu visión de la vida. ¿Cuánto ve Dios? Todo. Pero en lugar de confiar en el Dios omnisciente, tendemos a mirar a través de esa pequeña abertura y declarar que Dios no nos ama, que es cruel e injusto. Curioso, ¿no?

Sin embargo, la realidad es que, cuanto más conozcas el carácter de Dios, más segura estarás de confiarle tu futuro incierto. Cuanto más descubras que tu vida no se trata de obtener lo que quieres, sino de caminar en una relación íntima con tu Creador, más descubrirás el gozo verdadero.

Por supuesto, es tentador huir de nuestro dolor y decepción cuando la vida se pone difícil. No tienes que decirme dos veces dónde está el chocolate amargo cuando estoy triste. Y seamos honestas: todas nos hemos escondido en nuestras habitaciones con un bote de helado en la mano, mientras nuestro programa favorito nos distraía de nuestro dolor. (Ejem, culpable). Sí, sienta muy bien en el momento, pero todo lo que hace es ensanchar nuestra región media y retrasar unas horas nuestro dolor emocional. Dios quiere mucho más que eso para nosotras.

Dios quiere usar nuestras desilusiones para acercarnos a Él.

Resiste con nosotras, amiga. No te desanimes. No te quedes atascada viendo tu vestido de novia sin usar, colgado en

1. Timothy Keller (@timkellernyc), Twitter, 10 de noviembre de 2014, 3:31 p.m., https://twitter.com/timkellernyc/status/531906966550228993?lang=en.

el fondo de tu armario o esa prueba de embarazo negativa. Mira más allá del dolor de ese momento. Los valles son reales y difíciles, pero hay mucho más que Dios está haciendo. Aprendamos a ver la vida a través de lentes de esperanza.

Seas nueva en tu fe, alguien que regularmente asiste a la iglesia o aún seas escéptica acerca de Dios, este libro es para ti. Súmate a nosotras en un viaje real y franco, mientras compartimos contigo en detalle cada momento de nuestras vidas y te mostramos lo que Dios ha hecho. Solo somos jovencitas normales. Tejanas, de hecho. Pero hemos visto a Dios hacer una obra poderosa en nuestros corazones, y no podemos esperar para compartirla contigo. Ven a reír y llorar con nosotras, mientras descubrimos juntas estas verdades transformadoras. La vida es inesperada. Necesitamos gracia para este viaje. Pero, más que nada, necesitamos la esperanza del evangelio.

Descubramos juntas lo que significa florecer en esta vida, sin importar a dónde nos lleve el viaje.

Reflexiona

> Cuanto más conozcas el carácter de Dios, más segura estarás de confiarle las incertidumbres de tu futuro.

Recuerda

✴ La vida es dura e impredecible, y no puedes controlar el futuro.

- ✴ Lo que elijas creer acerca de Dios en los rincones más profundos y oscuros de tu corazón, tendrá un impacto drástico en la forma en que enfrentes la vida.

- ✴ Dios tiene un propósito para tu vida, y su amor es incondicional (Salmo 138:8).

- ✴ Dios quiere usar tus pruebas, desilusiones, anhelos y dolor para atraerte a una relación más profunda y gratificante con Él.

- ✴ Los valles son reales y difíciles, pero Dios está haciendo mucho más.

ABRE TU CORAZÓN

Querido Señor:

Confieso que en ocasiones mi fe es pequeña y débil. Cuando enfrento decepciones y luchas, no soy tan rápida como debiera para llevar esas cargas a ti en oración. A menudo, me preocupo demasiado y cedo ante el temor. Ayúdame a creer que tú eres quien dices ser. Ayúdame a confiar en tu carácter, incluso cuando no pueda ver que estás obrando. Hazme crecer en mi comprensión de tu amor. No quiero amarte cuando la vida es fácil, pero rechazarte cuando es difícil. Quiero servirte fielmente sin importar lo que suceda en mi vida. Por favor, ayúdame. No puedo hacer esto sin ti. Mientras leo este libro, ¡ruego que lo uses para trabajar poderosamente en mi vida! Quiero conocerte más.

Amén.

Considera

— Salmo 138 —

Te alabaré con todo mi corazón;
Delante de los dioses te cantaré salmos.
Me postraré hacia tu santo templo,
Y alabaré tu nombre por tu misericordia y tu fidelidad;
Porque has engrandecido tu nombre, y tu palabra sobre
   todas las cosas.
El día que clamé, me respondiste;
Me fortaleciste con vigor en mi alma.

Te alabarán, oh Jehová, todos los reyes de la tierra,
Porque han oído los dichos de tu boca.
Y cantarán de los caminos de Jehová,
Porque la gloria de Jehová es grande.
Porque Jehová es excelso, y atiende al humilde,
Mas al altivo mira de lejos.

Si anduviere yo en medio de la angustia, tú me vivificarás;
Contra la ira de mis enemigos extenderás tu mano,
Y me salvará tu diestra.
Jehová cumplirá su propósito en mí;
Tu misericordia, oh Jehová, es para siempre;
No desampares la obra de tus manos.

PROFUNDO | 1 Corintios 10:31
2 Corintios 5:9
Santiago 1:1-4

HABLEMOS DE TI

1. ¿Hay en tu pasado una historia similar a la de la "compra del vestido de novia"?

2. ¿Qué giros inesperados ha tomado tu vida?

3. ¿Tiendes a alejarte de Dios o a correr hacia Él cuando te enfrentas a la desilusión? Describe el proceso.

4. ¿De qué manera el Salmo 138:8 alienta tu corazón?

5. ¿En qué área esperas crecer al leer este libro?

¡En ACCIÓN!

Al comenzar tu viaje por las páginas de este libro, oramos para que Dios lo use para soplar vida y esperanza a tu interior. Dedica un momento ahora mismo para escribir tu propia oración a Dios. Hazlo íntimamente personal. No te guardes nada. Derrama tu corazón y pídele que haga una obra en tu vida como nunca antes. Sé específica en tus palabras y pídele que fortalezca tu fe en áreas precisas. Recuerda, Dios te ama y se preocupa profundamente por ti. Él quiere escuchar tus oraciones.

Jehová
cumplirá su
propósito
en mí; tu
misericordia,
oh Jehová,
es para
siempre.

Salmo 138:8

capítulo 2

Esto no es lo que quería

¿Quién en sus cabales se iría de mochilero en su *luna de miel*?

Llámame loca, pero eso es exactamente lo que hicimos Zack y yo (Kristen). De acuerdo, a modo de aclaración: la única razón por la que acepté esta dolorosa aventura al aire libre fue porque nuestra luna de miel duraría seis semanas. Sí, seis semanas. Sé lo que estás pensando. *¿Quién en el mundo se va por seis semanas de luna de miel?* Lo sé, fue un poco exagerado. No tengo idea de cómo manejamos esto con nuestro presupuesto de recién casados, pero de alguna manera lo hicimos funcionar. Pasamos la primera mitad de nuestra escapada romántica bronceándonos en las playas de Costa Rica y la segunda mitad acurrucándonos en las montañas de Colorado. Parecía un sueño.

Hasta que nos fuimos de mochileros.

Esta parte de la luna de miel fue cualquier cosa menos romántica. Nos pusimos nuestras enormes mochilas (no sabía que las hacían tan grandes) y nos dirigimos al desierto de Colorado por cuatro noches. ¡Cuatro noches! Si quieren poner a prueba su matrimonio de una vez, vayan de mochileros.

El viaje comenzó de maravilla: caminamos de la mano, paramos para tomar agua y disfrutamos de unas vistas increíbles. Nos acurrucamos en nuestra mini tienda para dos personas bajo las estrellas. Era de ensueño.

Luego llegamos al tercer día.

Mis pies comenzaron a ampollarse. Estaba harta de comer barras de cereal. Esa dulce y pequeña tienda de campaña para dos personas se había convertido en una diminuta cámara de tortura. Mi mochila parecía estar ganando peso. Me dolían las piernas. No me había duchado desde que habíamos salido. Estaba sudorosa, cansada y preguntándome por qué diablos habíamos dejado esas playas de Costa Rica.

Sin embargo, detenernos no era una opción.

No había vuelta atrás. Teníamos que seguir adelante. ¿Mencioné que todavía llevaba puesta la misma ropa interior que el primer día?

Bajo los rayos del sol, nos pusimos en marcha en otro día tortuoso —quiero decir, glorioso— de caminata. Me sentía bien, hasta que llegamos a la gran montaña. El sendero parecía ir directamente hasta el cielo. La sola imagen de esa pendiente hacía que me dolieran las ampollas y que mis emociones se alteraran.

No seas cobarde —me dije—. *Recobra la compostura.*

Mi pequeña charla motivacional me dio suficiente determinación para seguir caminando. Con una sonrisa en mi rostro, seguí a mi flamante esposo por la montaña.

Después de caminar durante varias horas, finalmente pude ver el pico a la distancia. *¡Ya casi estás allí! ¡Continúa!* Con un pie delante del otro, quise seguir moviéndome. Pero cuando llegué a la cima, la montaña me jugó un cruel y malvado truco. *No era la cima.* Ni siquiera estaba cerca. Era un pico falso. Si conoces algo sobre senderismo en las montañas, sabrás que los picos falsos son reales. La cima parece estar al alcance, solo para seguir subiendo en la parte posterior. Es un vil truco de la montaña. Y eso es exactamente lo que me sucedió en ese día memorable.

Justo cuando pensaba que la caminata había terminado, en realidad solo estaba comenzando. Mi determinación emocional estaba disminuyendo rápidamente. Mis nervios estaban a flor de piel. Pero era demasiado orgullosa como para rendirme. No quería que Zack pensara que yo era la mujer más débil del planeta.

Para mi total consternación, este asunto de los picos falsos se convirtió en una especie de rutina para nosotros. Nos pasaba una y otra vez. El pico real parecía imposible de alcanzar. No estaba segura de cuánto tiempo más podría tomarnos. Mis niveles de irritación estaban aumentando. No había usado maquillaje en días. Mi cara estaba quemada por el sol y reseca. Y esa desagradable barra de cereal parecía arena seca entre mis dientes. Mi flamante esposo estaba a punto de presenciar a una loca. *En las buenas y en las malas, ¿verdad?* Al menos nuestros votos matrimoniales seguro estarían aún frescos en su mente. *Si veo un pico falso más, ¡voy a patear a la ardilla más cercana!*

Pero no. Todavía no podía convertirme en una loca. Acabábamos de casarnos. Tenía que perseverar. Tenía que seguir adelante. Con el sudor goteando por mi espalda, hice mi mayor esfuerzo por seguir. Una y otra vez, los picos falsos parecían burlarse de mí.

Solo quiero lo que quiero

La vida real también está llena de picos falsos. En el transcurso de los días, las semanas y los meses de nuestras vidas, luchamos constantemente para cumplir nuestras metas, ¿verdad?

Tenemos sueños.

Expectativas.

Ruegos.

Anhelos.

Planes.

Y justo cuando pensamos que nos estamos acercando a la cima, descubrimos lo lejos que estamos en realidad.

Esa fue la sensación que tuve los meses posteriores a mi segundo aborto espontáneo. Había experimentado el gozo de obtener esa prueba de embarazo positiva y ansiaba ver esas dos líneas nuevamente. Para mí, esa era la cima. ¡Anhelaba tanto ser mamá! A pesar de que me había llevado dos años quedar embarazada la primera vez, y seis meses la segunda vez, no consideraba que tuviera nada grave. Simplemente, pensaba que me tomaba más tiempo que a la mayoría de las mujeres. Pero suponía que pronto volvería a suceder.

Compré en línea un paquete de pruebas de embarazo al por mayor y las escondí en la parte posterior del cajón de mi baño. Al inicio de cada mes, sacaba con entusiasmo una prueba con la esperanza de que mi espera terminara. Pero cada mes, todo lo que veía era una línea solitaria. Mes tras mes, me enfrentaba a la desilusión de mis anhelos insatisfechos. Oraba fervientemente día tras día, esperando que la cima estuviera a la vista. Pero todo lo que encontraba eran picos falsos.

Estaba comenzando a experimentar cansancio físico, agotamiento emocional y desánimo espiritual. Los altibajos eran demasiados. Lloraba todo el tiempo. Justo cuando pensaba que la cima estaba a la vista, no era así. Cada vez que me hacía una prueba de embarazo terminaba sintiéndome más desanimada y desesperada.

Decidí dejar a un lado las pruebas y depender de si me llegaba mi período. Esto ayudó un poco. Pero cada mes se me rompía el corazón. Clamé a Dios para que respondiera mis oraciones, pero todo lo que escuchaba era silencio. Estaba cansada de esta historia; solo quería que se terminara. Lejos estaba de imaginarme que mi experiencia con la infertilidad apenas comenzaba. Mis anhelos de ver una prueba de embarazo positiva permanecerían insatisfechos por los próximos cinco años. Esta travesía se convertiría en una de las caminatas espirituales más extenuantes que hubiera vivido.

Lidiar con los anhelos insatisfechos es realmente difícil. No sé si lo será para ti, pero *esperar* es un gran desafío para mí. Tener paciencia es como una tortura. Soy demasiado ambiciosa. Cuando me propongo algo, lo quiero en el instante. *Mmm... Dios, ¿cuál es el problema? ¡Ya estoy lista para esto!* Por lo tanto, cuando los anhelos no se convierten en realidad, se provoca un enorme conflicto en mi corazón. Una batalla de intereses. Mi plan contra el plan de Dios. Como a menudo pienso que sé más que Dios, lucho con sus tiempos. *Dios, ¿podrías moverte un poco más rápido?*

Ya sabes a lo que me refiero.

No tengo ninguna duda de que tú también has luchado con tus propios anhelos incumplidos. Al igual que yo, has derramado tu corazón a Dios en oración. Has transitado tu propia caminata cuesta arriba que parece no tener final. Y, justo cuando pensabas que la espera había terminado, chocaste con otro pico falso.

Sin ir más lejos, hoy recibí un mensaje de una chica en las redes sociales que expresaba lo siguiente:

Todavía no me he casado, aunque es lo que he deseado y soñado desde que tenía doce años. He estado orando diligentemente que, si esa no es la voluntad de Dios, Él me quite este deseo, pero no lo ha hecho.

¿Qué anhelos insatisfechos agobian tu corazón en este momento?

¿Casarte?

¿Tener una amiga real y verdadera?

¿Tener padres que realmente se amen?

¿Tener un esposo que te guíe espiritualmente?

¿Vivir en una ciudad con una comunidad cristiana más grande?

¿Conseguir un mejor trabajo?

¿Sentirte profundamente amada por alguien?

¿Tener una mejor relación con tus hermanos/as?

¿Superar una enfermedad crónica?

¿Que un amigo o familiar conozca a Cristo?

¿Quedar embarazada?

¿Tener otro hijo?

¿Algo más? _____

En medio de la lucha con mis propios anhelos insatisfechos de quedar embarazada, le he preguntado a Dios "por qué" muchas veces. He llorado y me he preguntado por qué Dios les daría este regalo a otras mujeres, pero no a mí. He orado ferviente y sinceramente, y me he preguntado por qué Dios no respondía a mis oraciones. ¿Por qué no me daba lo que yo tan desesperadamente quería, si se trata, en especial, de algo que Él considera bueno?

Tal vez hayas tratado de negociar con Dios como yo.

De acuerdo, Dios, si respondes a esta oración, te prometo que leeré mi Biblia durante todo este año sin olvidarme un solo día. ¡Piensa en cuánto creceré!

Dios, si me das lo que quiero (y, por cierto, te recuerdo que en la Biblia le llamas a esto una bendición), ¡prometo nunca más quejarme de nada! ¡De verdad! Te doy mi palabra.

En serio, Dios, seré una mejor cristiana si recibo esto que te estoy pidiendo. No es broma. Si quieres quitarme otra cosa, ¡adelante! Pero, por favor, como broche de oro, ¿podrías responder a mi oración? ¿Y de lo posible hacerlo rápidamente?

Hay un momento en el que todas nos sentimos desesperadas. Estamos cansadas de esperar y solo queremos lo que queremos. Negociar con Dios es tentador (¡y lo digo por experiencia!), pero al fin y al cabo nunca funciona.

Este es el asunto: cuando no quedaba embarazada, solía pensar que Dios no estaba contestando mis oraciones, pero en realidad Él las estaba contestando continuamente. Solo que no respondía de la manera que yo quería. Me tomó un tiempo darme cuenta, pero por fin comprendí que Dios contesta mis oraciones en una de las siguientes tres maneras:

1. Dice "sí" y me da lo que le pedí.
2. Dice "no" y cierra la puerta en esa área.
3. Dice "espera" y quiere que espere pacientemente por una respuesta en el futuro.

De esas tres opciones, creo que la más difícil es "esperar". Me hace sentir como si fuera una concursante en un programa de juegos con tres cajas misteriosas por descubrir. Cuando descubro la caja que dice "espera", pienso: *¿Puedo probar una caja diferente, por favor? ¡Este no es el premio misterioso que esperaba!* Un "sí" o un "no" es un poco más sencillo. Es más fácil lidiar con blanco o negro. ¿Pero "esperar"? Eso es como vivir en grises tierras inciertas. No gracias, Dios.

La *espera* nos obliga a mirarnos al espejo y reconocer que no tenemos el *control*.

La realidad es que Dios sabe que como humanos nos resulta muy difícil esperar, y es todo un desafío. Sin embargo, en definitiva, Él sabe que esperar nos hace bien. La espera hace que nos encontremos cara a cara con nuestra propia incapacidad de hacer algo al respecto. La espera nos obliga a mirarnos al espejo y reconocer que no tenemos el control. Como alguien que está en recuperación por ser una obsesiva del control, esto no me resulta divertido. ¡Pero es tan bueno para mí! Dios sabe que mi mayor necesidad no es obtener lo que quiero en la vida, sino tener más de Dios en mí. Y para ser totalmente franca conmigo misma, una de las mejores maneras de reconocer mi necesidad de Él es a través de la lente de mis deseos insatisfechos. Como dice a menudo mi amiga Nancy Wolgemuth: "Cualquier cosa que me haga necesitar a Dios es una bendición".[2] No hay nada más que agregar.

Lo más difícil es esperar

No hace mucho, me reuní con mi mentora y compartí con ella mi lucha por esperar el tiempo de Dios. Le pedí consejos sobre cómo lidiar con mis anhelos insatisfechos cuando todo lo que Dios parece estar diciendo es "espera". Por cierto, contar con una mujer mayor, sabia y piadosa, que te aconseje de manera regular, es una de las mejores decisiones que podrías tomar. Si has seguido a Girl Defined Ministries durante algún tiempo, sabes que nos apasiona el mentoreo. Tener una mujer de Dios en tu vida, con la que puedas expresarte abiertamente y recibir el consejo bíblico, es trasformador. A veces mi mentora solo necesita darme un poco de aliento y oración; otras veces necesita decirme que sea valiente y que haga lo que sé que es correcto. De cualquier manera, siempre es útil.

Ese día fue algo entre un abrazo tierno y un llamado a ser valiente.

Le abrí mi corazón y le pedí consejo. Ella abrió su Biblia y sabiamente me dijo que buscara Hebreos 11. Mientras hojeaba las páginas del Nuevo Testamento, finalmente llegué al libro de Hebreos. (¡Siempre es un poco estresante tratar

2. Nancy Leigh DeMoss (Wolgemuth), Revive Our Hearts, Facebook, 20 de septiembre de 2013, https://www.facebook.com/ReviveOurHearts/ posts/anything-that-makes-me-need-god-is-a-blessing-we-want-to-be -confident-strong-and/10151852400664437/.

de encontrar rápidamente un libro específico de la Biblia frente a tu mentora! ¿Por qué de repente olvido dónde está todo en la Biblia?). Tan pronto como llegué al capítulo 11, vi el encabezado que decía: "Por la fe". Mmm... parecía apropiado. Mi mentora me dijo que echara un vistazo a este capítulo y contara cuántas veces encontraba la frase "por la fe". Comencé a escanear las páginas. *Uno, dos, tres, cuatro... una docena... ¡dos docenas!* Esas tres pequeñas palabras aparecían una y otra vez en este capítulo. Mi mentora me dijo que revisara los versículos 1 al 3 para comprender el contexto, los cuales citan:

> Es, pues, la *fe* la certeza de lo que se espera, la convicción de lo que no se ve. Porque por ella alcanzaron buen testimonio los antiguos. *Por la fe* entendemos haber sido constituido el universo por la palabra de Dios, de modo que lo que se ve fue hecho de lo que no se veía (cursivas añadidas).

Bien. ¿Qué te parece si tomas tu Biblia (o la aplicación en tu teléfono inteligente) y buscas conmigo Hebreos 11? Te espero. Te aseguro que valdrá la pena.

¿Ya estás lista?

Hablo en serio. Esto será mucho mejor si puedes ver lo que estoy a punto de compartir.

Bien, ¡vamos!

Lo que descubrí en este pasaje fue alucinante y extremadamente alentador para mí. Al echar un vistazo a este capítulo, ¿qué ves? Seguro has notado esas tres pequeñas palabras *por la fe* escritas varias veces. ¿Y te diste cuenta de cómo siempre van seguidas del nombre de una persona? Por ejemplo, veamos juntas el versículo 7:

Por la fe Noé, cuando fue advertido por Dios acerca de cosas que aún no se veían, con temor preparó el arca en que su casa se salvase; y por esa fe condenó al mundo, y fue hecho heredero de la justicia que viene *por la fe* (cursivas añadidas).

¿Recuerdas la historia del arca de Noé en Génesis 5—10? Dios lo llamó a hacer algo loco (construir un arca enorme para salvar a su familia de un diluvio mundial que Dios prometió que vendría). Noé nunca había visto un diluvio mundial. Nadie lo había visto. Pero confió en Dios y *por la fe* construyó un barco gigante (que algunos dicen que le llevó cien años). Dios no le dijo a Noé cada detalle de lo que estaba por venir. Noé tenía que confiar en Dios y obedecerlo solo *por la fe*.

Si miras el resto de Hebreos 11, verás nombres tras nombres de personas del Antiguo Testamento que eligieron obedecer a Dios por la fe, a pesar de no tener muchos detalles.

POR LA FE Abraham, siendo llamado, obedeció para salir al lugar que había de recibir como herencia (v. 8).

POR LA FE también la misma Sara, siendo estéril, recibió fuerza para concebir; y dio a luz aun fuera del tiempo de la edad, porque creyó que era fiel quien lo había prometido (v. 11).

POR LA FE Moisés, hecho ya grande, rehusó llamarse hijo de la hija de Faraón, escogiendo antes ser maltratado con el pueblo de Dios, que gozar de los deleites temporales del pecado (vv. 24-25).

POR LA FE Rahab la ramera no pereció juntamente con los desobedientes, habiendo recibido a los espías en paz (v. 31).

Todas ellas eran personas comunes, como tú y yo. Cada uno de ellos enfrentó sus propios anhelos incumplidos, temores e incertidumbres sobre el futuro. Luchaban por confiar en Dios. No eran superhumanos, sino personas normales que peleaban por la fe. Cada uno tuvo que tomar la decisión de poner su fe en Dios en medio de lo desconocido. No podían ver el futuro. No conocían el final de la historia. No estaban seguros de cómo se desarrollaría la vida. Pero eligieron poner su fe en Dios y no en sus circunstancias.

Y es eso exactamente lo que mi mentora me motivaba a hacer.

> En esta vida, nuestro *mayor* objetivo no debe ser obtener lo que queremos, sino conocer *más* a Dios y amarlo profundamente.

Ella usó este poderoso capítulo para recordarme que Dios se preocupa por mis oraciones y mis anhelos insatisfechos, pero me está llamando a poner toda mi confianza en Él. Me está llamando a encontrar mi esperanza solo en Él. Sí, mis anhelos son grandes, pero no deberían ser mi mayor deseo. Ella me recordó que mi relación con Dios es la necesidad más profunda y verdadera de mi corazón. Es lo único que puede traer satisfacción genuina a mi alma… y también a la tuya, querida amiga.

En esta vida, nuestro mayor objetivo no debe ser obtener lo que queremos, sino conocer más a Dios y amarlo profundamente. Y solo podemos lograrlo *por la fe*.

Por la fe confiamos en que su tiempo es mejor que el nuestro.

Por la fe elegimos creer que Dios sabe qué es lo mejor.

Por la fe le confiamos nuestro futuro a Él y descansamos en su plan.

Por la fe nos aferramos a la promesa de que si nunca obtenemos las cosas por las que hemos orado, Dios seguirá siendo suficiente.

Después de leer Hebreos 11 ese día, me pregunté cuán fuerte era realmente mi fe. Si hubiera vivido durante los tiempos bíblicos, ¿se habría usado mi nombre como ejemplo en Hebreos 11?

Por la fe, *Kristen* confió en que Dios le daría fuerza para honrarlo mientras luchaba con la infertilidad y sus anhelos insatisfechos.

¿Cómo está tu fe en este momento? ¿Cómo se vería tu nombre escrito en las páginas de las Escrituras? Haz de estas palabras una declaración personal:

POR LA FE _____ obedeció a Dios y confió en que Él proveería para sus necesidades mientras luchaba con

_____.

Disfruta del viaje

¡Qué increíble sería tener una fe sólida, valiente e inquebrantable! Yo quiero eso para mí y para ti. ¿Recuerdas ese viaje de mochileros ridículamente difícil del que te hablé al principio de este capítulo? ¿Esa ocasión en la que estaba a punto de convertirme en una loca con ropa interior apestosa de tres días? Bueno, a medida que Zack y yo nos acercábamos al pico real, hicimos una breve pausa para tomar agua. Debió de haber notado mi estado delirante, porque se volvió hacia mí y amorosamente me dijo: "Oye, nena, no te olvides de disfrutar del viaje. Llegar a la cima es solo una parte de la experiencia".

En ese momento de calor y sudor extremos, solo quería dirigirme a él y responderle sarcásticamente: "¡Gracias, entrenador!", pero detuve mi lengua. Y menos mal, porque Zack tenía toda la razón. Me había obsesionado tanto con llegar a la cima, que me había olvidado de disfrutar del viaje. Me estaba perdiendo lo que sucedía a mi alrededor. Las preciosas vistas. Los pinos frescos. El correteo de las lindas ardillitas.

Me estaba perdiendo todo el viaje.

Y eso es exactamente lo que sucede en la vida real. Nos obsesionamos tanto con nuestros anhelos insatisfechos, que nos olvidamos de vivir la vida *en ese momento*. Nos olvidamos de disfrutar del viaje. Perdemos de vista las cosas hermosas que Dios está haciendo a nuestro alrededor.

Amiga, mira a tu alrededor. ¿Qué está haciendo Dios en tu vida en este momento? ¿Qué quiere enseñarte hoy? ¿Qué es lo que Él ya te ha dado, pero no puedes ver? La realidad es que, si no puedes estar contenta con lo que Dios te ha dado hoy, probablemente tampoco lo estés con lo que te dé mañana. Dios quiere hacer mucho en tu vida durante la *espera*. Ese *anhelo* esconde una inmensa sabiduría.

Una de las lecciones más grandes que Dios me ha enseñado durante mi tiempo de anhelos insatisfechos es que Él es suficiente.

No es: Dios + mi oración contestada = felicidad.

Es: Dios + fe sincera = gran gozo.

No importa cómo se vea tu viaje hoy, no olvides mirar a tu alrededor. No desperdicies la espera. No te obsesiones con los picos. Algunas de las mejores lecciones de la vida suceden a medida que somos refinadas en los valles.

Mientras escribo estas palabras, todavía no he tenido un embarazo saludable. Y no sé si alguna vez lo tendré. Pero ya no es ahí donde radica mi esperanza. Ese ya no es el pico de mi vida. He aprendido a aceptar el viaje. Por la fe, sé que pase lo que pase en mi vida, Cristo será suficiente para mí. Como mujer cristiana, mi mayor propósito sigue siendo el mismo: amar a Dios con todo mi corazón y edificar su reino. Y eso puede suceder ahora mismo.

No sé qué montañas estás escalando. No sé cuáles son tus anhelos. Pero sí sé esto: por la fe puedes elegir poner tu confianza en el único Dios verdadero que está contigo en medio de tus circunstancias. Ya sea que te conceda o no los anhelos de tu corazón, puedes encontrar paz y plenitud duraderas en tu relación con Cristo.

Te animará saber que Zack y yo finalmente llegamos a la cima de la montaña ese día. Por duro y agotador que fue, valió la pena. Me paré en ese pico, ropa interior sudorosa y todo, y sonreí. No porque la vista desde la cima fuera tan espectacular (aunque lo era), sino porque la caminata en sí me había enseñado la importante lección de mirar a mi alrededor y disfrutar de cada paso del viaje.

Reflexiona

> Ya sea que Dios te conceda o no los anhelos de tu corazón, puedes encontrar paz y plenitud duraderas en tu relación con Cristo.

Recuerda

✳ Tu mayor necesidad no es obtener lo que quieres en la vida, sino obtener más de Dios en tu vida.

✳ Dios se interesa por tus oraciones y anhelos insatisfechos, y te está llamando a poner toda tu confianza en Él.

✳ La necesidad más profunda y verdadera de tu corazón es tu relación con Dios.

✳ Como mujer cristiana, tu mayor propósito sigue siendo el mismo: amar a Dios con todo tu corazón y edificar su reino.

✳ El gozo verdadero y la esperanza se pueden encontrar en Cristo ahora mismo.

ABRE TU CORAZÓN

Querido Señor:

Tú ves mi corazón. Tú conoces mis anhelos íntimos. Sabes que estos deseos agobian mi mente. Confieso que a veces quiero tanto estas cosas, que te pierdo de vista. Olvido que tú eres el único que realmente puede satisfacerme. Por favor, perdóname por perseguir estos anhelos más de lo que te persigo a ti. Fortalece mi fe, como las personas de las que se habla en Hebreos 11, en tu Palabra. Ayúdame a confiar en ti, por la fe, respecto a estos deseos, y a descansar en tu plan. Sé que tú me amas y siempre haces lo bueno. Ayúdame a creer plenamente en eso. Quiero vivir una vida dedicada a ti en este momento, ya sea que mis anhelos se cumplan o no. Sé que la verdadera esperanza se encuentra en mi relación contigo. Eres suficiente.

Amén.

Considera

──────── **Hebreos 11:1-11** ────────

Es, pues, la fe la certeza de lo que se espera, la convicción de lo que no se ve. Porque por ella alcanzaron buen testimonio los antiguos. Por la fe entendemos haber sido constituido el universo por la palabra de Dios, de modo que lo que se ve fue hecho de lo que no se veía.

Por la fe Abel ofreció a Dios más excelente sacrificio que Caín, por lo cual alcanzó testimonio de que era justo, dando Dios testimonio de sus ofrendas; y muerto, aún habla por ella. Por la fe Enoc fue traspuesto para no ver muerte, y no fue hallado, porque lo traspuso Dios; y antes que fuese traspuesto, tuvo testimonio de haber agradado a Dios. Pero sin fe es imposible agradar a Dios; porque es necesario que el que se acerca a Dios crea que le hay, y que es galardonador de los que le buscan. Por la fe Noé, cuando fue advertido por Dios acerca de cosas que aún no se veían, con temor preparó el arca en que su casa se salvase; y por esa fe condenó al mundo, y fue hecho heredero de la justicia que viene por la fe.

Por la fe Abraham, siendo llamado, obedeció para salir al lugar que había de recibir como herencia; y salió sin saber a dónde iba. Por la fe habitó como extranjero en la tierra prometida como en tierra ajena, morando en tiendas con Isaac y Jacob, coherederos de la misma promesa; porque esperaba la ciudad que tiene fundamentos, cuyo arquitecto y constructor es Dios. Por la fe también la misma Sara, siendo estéril, recibió fuerza para concebir; y dio a luz aun fuera del tiempo de la edad, porque creyó que era fiel quien lo había prometido.

Más
PROFUNDO

Romanos 5:1-5
Romanos 8:18-25
Hebreos 11
Santiago 1:2-4

HABLEMOS DE TI

1. ¿Alguna vez has tratado de negociar con Dios en tus oraciones? ¿Cómo te fue?

2. ¿Qué anhelos insatisfechos agobian tu corazón en este momento?

3. ¿Qué te resultó personalmente alentador sobre la fidelidad de esas personas de Hebreos 11?

4. ¿Cómo ha usado Dios tus anhelos insatisfechos para mostrarte tu necesidad mayor de Cristo?

5. Al considerar tu vida en este momento, ¿por qué puedes agradecer a Dios?

¡En
ACCIÓN! Toma un diario o un pedazo de papel y escribe (uno por uno) cada anhelo incumplido que haya en tu vida en este momento. No lo pienses demasiado. Solo escribe cada uno de los que se te ocurran. A continuación, escribe estas palabras en letra pequeña justo encima de cada uno de esos anhelos: "Dios, fortalece mi fe para confiar en ti acerca de…". Ahora toma un momento para orar por cada cosa que anotaste y entregársela a Dios. Haz esto cada vez que comiences a sentirte ansiosa por cualquiera de esas cosas.

Es, pues, la fe
la *certeza* de lo
que se espera,
la *convicción* de
lo que no se ve.

Hebreos 11:1

capítulo 3

Ansiedad, ansiedad, ansiedad

Yo (Bethany) miré mi teléfono y vi el mensaje de texto de mi novio: "Estoy aquí. Te encontraré adentro". No quería entrar para encontrarme con él. No quería enfrentar la situación. Quería estar en cualquier parte del universo, menos allí. No quería tener esa conversación. Aunque él no me había dicho: "Quiero terminar mi relación contigo", yo sabía que algo estaba mal. Lo notaba distante. Estaba sintiendo cómo se alejaba. Que quisiera reunirse conmigo de inmediato y con urgencia, solo confirmaba mis sospechas. Sabía que mi mejor amigo y primer novio estaba a punto de decirme que nuestra relación había terminado.

Traté de tranquilizarme antes de entrar por esa puerta. Sí, claro. Tratar de calmarme era como intentar ponerle un tapón a un volcán en erupción. Mi máscara de pestañas ya era un desastre. Pensé: *Voy a parecer un mapache destrozado.* *¿Por qué no puedo, al menos, verme bien para que cambie de opinión?* O *al menos, arrepentirse de haberme dejado.*

Crucé la puerta.

Ahí estaba él. Todavía nadie había dicho nada, pero pude notar que ya todo era diferente. Él aún no había pronunciado oficialmente las palabras, pero era obvio. Podía verlo en sus ojos.

No nos abrazamos.

Apenas sonreímos.

Todo era muy extraño e incómodo.

¿De qué otra manera que no fuera extraña e incómoda podría resultar una ruptura? Realmente, no había mucho que decir. Fue breve y al grano. ¿Para qué prolongarlo? Mi futuro exnovio me dijo que éramos demasiado diferentes el uno para el otro. Que no creía que funcionara a largo plazo. Dijo algunas cosas bonitas para hacerme sentir bien y luego me deseó lo mejor.

Me acompañó hasta mi coche y me dio un abrazo de despedida. Traté de evitar que mis lágrimas explotaran y se derramaran sobre él. Cuando dio la vuelta para irse, extendí la mano y le entregué el collar que me había regalado para mi cumpleaños. No lo quería. No lo necesitaba. Me recordaba claramente lo que estaba perdiendo. Tomó el collar y se fue.

Se había ido. Habíamos terminado.

Me senté en mi auto y lloré a mares. Sentía que me estaban retorciendo un puñal por la espalda. Fue desgarrador. Detestaba y odiaba ese sentimiento. No era lo que había planeado. Había construido una amistad muy profunda con él. Habíamos creado un millón de recuerdos juntos. ¿De qué manera podría seguir adelante? ¿Cómo podría decirle adiós definitivamente? ¿Cómo podría continuar en la vida sabiendo que mi novio y yo seguiríamos por caminos separados?

Tardé varios meses en salir de la confusión. Seis meses después, mi corazón comenzaba a sentirse algo mejor. Mis lágrimas empezaban a secarse. Sentía que, tal vez, había esperanza para el futuro. Tal vez podría amar de nuevo. Y de repente pensé:

¿Qué pasa si atravieso otra ruptura en el futuro? ¿Qué pasa si conozco a un muchacho maravilloso que me vuelve a romper el corazón? No. No. No puedo. No lo haré. Tan solo la idea de experimentar otra ruptura comenzó a paralizarme. Si alguna vez viviste una separación amorosa, es probable que conozcas este sentimiento. Me dolía profundamente el corazón por el simple hecho de imaginarme tener que soportar ese dolor de nuevo. Lloré otra vez. Me preguntaba honestamente si una vida de soltería no sería mejor.

Este pensamiento me llevó a una temporada de intensa ansiedad por mi futuro. Luchaba a diario para entregarle mis planes y mi porvenir a Dios. Tenía los puños apretados y no quería soltar el control. Tenía miedo. Estaba preocupada. No quería volver a lastimarme. Si estar abierta a los planes de Dios significaba que podría tener que pasar por el proceso de conocer a un joven, construir una amistad, enamorarme y tener que acabar la relación, no estaba interesada.

No, gracias.

Mi tierno corazón había sido tan lastimado, que yo estaba demasiado débil como para volver a amar.

Ansiedad posterior a la ruptura

En el transcurso de esa temporada, la ansiedad se convirtió en una compañera constante a la cual le estaba dando cabida. ¿Alguna vez te has sentido así? ¿Como si la ansiedad fuera una indeseada compañera constante en tu vida? Me identifico contigo. Sabía que preocuparme por el futuro no era la respuesta a mis temores, pero no quería acudir a Dios. Sabía que, si me volvía a Él, me pediría que me rindiera y descansara en sus brazos. No quería hacer eso. Quería tener el control. Quería asegurarme de evitar el dolor emocional que había experimentado esa vez. Apuesto a que conoces ese sentimiento.

Durante esa etapa posterior a la ruptura, caracterizada por tanta ansiedad, necesitaba desesperadamente una amiga a quien acudir, que me mostrara un camino mejor.

Necesitaba ayuda.

Necesitaba esperanza.

Necesitaba una amiga amorosa que me llevara a la Palabra de Dios y me mostrara la cruda realidad detrás de la ansiedad. Y luego necesitaba que esa amiga caminara conmigo, mientras trabajaba para entregarle mi carga de preocupación a Dios. Estoy más que agradecida por haber contado con varios amigos y familiares que me amaron lo suficiente como para hablar verdades a mi vida. Me amaron lo suficiente como para ayudarme a salir de ese caos autoinfligido de ansiedad. Me tomaron de la mano, abrieron la Palabra de Dios y me mostraron un camino mejor.

Te dejo a continuación uno de los pasajes de las Escrituras con el que muchas hermanas y amigas me animaron. Y quiero que tú también recibas aliento al leerlo. Este pasaje nos trae esperanza en medio de las temporadas difíciles. Nos abre los ojos para ver a Dios tal cual es. Nos recuerda que no estamos solas. Dios está a nuestro lado. Él nos ama. Él se preocupa por nosotras y nos acompaña en cada paso del camino.

Por tanto os digo: No os afanéis por vuestra vida, qué habéis de comer o qué habéis de beber; ni por vuestro cuerpo, qué habéis de vestir. ¿No es la vida más que el alimento, y el cuerpo más que el vestido? Mirad las aves del cielo, que no siembran, ni siegan, ni recogen en graneros; y vuestro Padre celestial las alimenta. ¿No valéis vosotros mucho más que ellas? ¿Y quién de vosotros podrá, por mucho que se afane, añadir a su estatura un codo? Y por el vestido, ¿por qué os afanáis? Considerad los lirios del campo, cómo crecen: no trabajan ni hilan; pero os digo, que ni aun Salomón con toda su gloria se vistió así como uno de ellos. Y si la hierba del campo que hoy es, y mañana se echa en el horno, Dios la viste así, ¿no hará mucho más a vosotros, hombres de poca fe? No os afanéis, pues, diciendo: ¿Qué comeremos, o qué beberemos, o qué vestiremos? Porque los gentiles buscan todas estas cosas; pero vuestro Padre celestial sabe que tenéis necesidad de todas estas cosas. Mas buscad primeramente el reino de Dios y su justicia, y todas estas cosas os serán añadidas. Así que, no os afanéis por el día de mañana, porque el día de mañana traerá su afán. Basta a cada día su propio mal (Mateo 6:25-34).

Desde el más pequeño de los pájaros hasta la más simple de las flores. Dios todo lo ve. A Dios cada cosa le importa.

Este pasaje increíblemente esperanzador está lleno de ejemplos del gran cuidado y amor de Dios por sus criaturas. No solo por los seres humanos, sino por toda su creación. Desde el más pequeño de los pájaros hasta la más simple de las flores. Dios todo lo ve. A Dios cada cosa le importa.

No sé por lo que estés transitando actualmente, pero tal vez este pasaje de Mateo sea exactamente lo que tu corazón necesita en este momento. Tal vez necesites el recordatorio de que Dios ve tu dolor. Él ve tus luchas. Él se preocupa por ti. No estás sola.

Si estás luchando con una ansiedad paralizante como yo, aquí hay una verdad simple que me ayudó a deshacerme del peso que me estaba robando la alegría. Una verdad que nos permitirá a cada una de nosotras caminar en libertad y ya no temer las incertidumbres de nuestro futuro: renunciar a tu ansiedad no significa que no te importe el problema; significa que le entregas tu problema a Dios y dejas en sus manos lo que vaya a ocurrir.

Elegir no preocuparse no significa que ya no te importe, sino que te preocupa lo suficiente como para necesitar a Alguien más grande que te ayude a llevar la carga. Significa que estás confiando en el único que realmente puede consolar tu corazón y traerte paz. La siguiente oración me ayudó a entregar mis temores a Dios y confiarle mi futuro. Te invito a que la hagas propia también.

Dios, confío en que tú te ocuparás de mí mejor de lo que yo podría cuidar de mí misma. Creo que tú eres la esencia del amor y me amarás mejor que nadie. Aun cuando tenga que volver a atravesar algo difícil en el futuro, sé que tú me guiarás y me darás la paz que sobrepasa todo entendimiento. Dices que te preocupas por las aves del cielo y los lirios del campo. Si cuidas de ellos, sé que también cuidarás de mí. Ayúdame a recordar eso. Ayúdame a confiar en ti. Te entrego mi carga de ansiedad. ¡Descanso en ti, Jesús! Amén.

La decisión de confiarle tus problemas a Dios traerá una nueva ola de libertad a tu vida. No tienes que vivir encadenada al peso de la ansiedad. Eres libre para disfrutar hoy, mientras confías en Dios sobre el mañana. En lugar de vivir atemorizada por tu futuro, puedes elegir confiar en que Dios te dará la gracia que necesitas para lidiar con cualquier situación inesperada que se te presente. Puedes decidir creer que Dios siempre ha sido y será fiel. Él nunca te dejará ni te abandonará.

Ya sea que estés enfrentando una ruptura difícil como la mía, o cualquier otra situación, Dios es capaz de llevarte de un estado de ansiedad paralizante a un lugar de descanso seguro en Él.

Plan de acción para luchar contra la ansiedad

Hace varios años, Kristen y yo asistimos a una conferencia cuyos oradores no estaban preocupados por ofender a alguien con verdades bíblicas duras de escuchar. ¿No amas y a la vez detestas a esos tipos de oradores? Cuando recibimos el programa con la lista de talleres, nuestros ojos se dirigieron inmediatamente al taller sobre la ansiedad. Estábamos emocionadas de recibir un poco de aliento bíblico en esta área de nuestras vidas.

El orador comenzó compartiendo sus pensamientos sobre los cristianos modernos y su relación con la ansiedad. Dijo que la ansiedad se ha convertido en un "pecado aceptable". Ya sabes, los pecados que nosotros, como cristianos, tendemos a ver como no tan graves. Cosas como el exceso de velocidad (*es solo conducir un poco más rápido que el límite de velocidad estipulado, ¿cuál es el gran problema?*), chismorrear (*¿es realmente un chisme si todo el mundo está*

55

hablando de ello?), decir pequeñas mentiras piadosas (*no le hacen daño a nadie*), maldecir (*todo el mundo lo hace*) o preocuparse (*¿quién va a llevar la carga de mi futuro si yo no lo hago?*).

Ya captaste la idea.

Todas tenemos nuestra propia versión de lo que es un pecado grande y malo, y luego tenemos nuestra idea de lo que es un pecado pequeño e inofensivo. El orador nos desafió a averiguar en qué categoría colocábamos la ansiedad. Para ser honestas, muchas de nosotras consideramos la ansiedad como un pecado pequeño. Al menos, nosotras dos. En lugar de reconocer cuán esclavizante, pesada, estresante y opresiva es la ansiedad, simplemente avanzamos, día tras día, conviviendo con ella. Muchas de nosotras hemos llevado el peso de la ansiedad durante tanto tiempo, que a menudo, hasta nos olvidamos de que está ahí.

Esa conferencia nos produjo convicción y nos infundió aliento. Convicción porque, a menudo, subestimamos la ansiedad como si no fuera un gran problema, y aliento, porque es posible encontrar la paz.

La ansiedad no es algo que ninguna de nosotras deba tomar a la ligera, ni que debamos categorizar como un pecado aceptable. Dios quiere mucho más para nosotras que vivir en ese estado de preocupación. Él nos ama tanto que envió a su único Hijo, Jesús, a morir en una cruz y resucitar para pagar el castigo por nuestros pecados (Juan 3:16-18; Romanos 3:23; 6:23; 1 Corintios 15:3-4). Además de hacer un camino para que pasemos la eternidad con Él en el cielo, Dios también amorosamente nos dio una guía muy clara sobre cómo lidiar con el pecado de la ansiedad en nuestras vidas. Filipenses 4:6-9 (NBLA) dice:

Por nada estén afanosos; antes bien, en todo, mediante oración y súplica con acción de gracias, sean dadas a conocer sus peticiones delante de Dios. Y la paz de Dios, que sobrepasa todo entendimiento, guardará sus corazones y sus mentes en Cristo Jesús.

Por lo demás, hermanos, todo lo que es verdadero, todo lo digno, todo lo justo, todo lo puro, todo lo amable, todo lo honorable, si hay alguna virtud o algo que merece elogio, en esto mediten. Lo que también han aprendido y recibido y oído y visto en mí, esto practiquen, y el Dios de paz estará con ustedes.

Este pasaje constituye un plan de acción detallado para combatir la ansiedad. Dios establece pautas específicas e incluso nos promete la paz (no una, sino dos veces) como resultado de seguir sus instrucciones amorosas. Esta pequeña sección del libro de Filipenses es nuestra clave para derrotar la ansiedad. Vamos a desglosar paso a paso estos versículos para entender mejor exactamente lo que Dios nos enseña.

1. No estés afanosa (ansiosa, preocupada) por nada.
2. Ora por todo.
3. Pídele a Dios por tus necesidades.
4. Ten un corazón agradecido.
5. Preséntale tus anhelos a Dios.
6. Confía en que la perfecta paz de Dios guardará tu corazón.
7. Dirige intencionalmente tus pensamientos.
8. Piensa solo en lo que sea verdadero, digno, justo, puro, amable, honorable, que tenga virtud o que merezca elogio.

9. Pon en práctica todos estos pasos (mediante el poder del Espíritu Santo que vive en ti).

10. Confía en que el Dios de paz estará contigo.

Dios quiere que acudas a Él con tus preocupaciones por el hoy y tus temores sobre el mañana. Él quiere saber de ti. Quiere pasar tiempo contigo mediante su Palabra y la oración. Este pasaje nos muestra que presentar nuestras necesidades a Dios en oración es una gran parte de nuestra lucha contra la ansiedad.

También nos dice que debemos dirigir intencionalmente nuestros pensamientos en lugar de permitirles que influencien nuestras emociones de una manera que no es bíblica. Se nos instruye a pensar en las cosas que se enumeran en el pasaje.

Pensar en lo verdadero. ¿Qué es verdadero? Preocuparse por cosas del futuro que tal vez nunca sucedan (como experimentar otra ruptura dolorosa) no es necesariamente algo cierto o verdadero. Lo que es cierto es que Dios es soberano, todopoderoso, omnipotente y amoroso. La decisión de enfocarte en su carácter bondadoso calmará tu corazón y tu mente, en lugar de hacer que te llenes de temor por la incertidumbre del porvenir.

> Lo que es cierto es que Dios es *soberano,* todopoderoso, omnipotente y amoroso.

La lista continúa. Lee cada una de las siguientes líneas lentamente y pregúntate cómo cambiarían tus pensamientos si los filtraras según estas características.

Piensa en todo lo digno.
Piensa en todo lo justo.
Piensa en todo lo puro.

Piensa en todo lo amable.

Piensa en todo lo honorable.

Si posee alguna virtud, si merece algún elogio, piensa en esas cosas.

En los años posteriores a mi ruptura, tuve oportunidad tras oportunidad de poner en práctica Filipenses 4. En realidad, mi peor pesadilla (pasar por otra ruptura) me volvió a suceder. No una ni dos veces, sino tres veces más. Si hubiera sabido durante mi primera ruptura que pasaría por tres más, probablemente me hubiera convertido en una monja. O en una ermitaña.

Sin embargo, estoy muy agradecida de que Dios no me haya dejado esconderme en un convento o en la cima de una montaña. En cada una de esas pruebas, Dios me ayudó a renunciar a mis temores y a confiar en Él con respecto al futuro.

Él quiere hacer lo mismo por ti.

Su fidelidad es constante. Su carácter nunca cambia. Puedes contar con Él. Usa Filipenses 4 para guiar intencionalmente tus pensamientos según la verdad de Dios. Al hacer esto, el Dios de paz promete estar contigo.

Reflexiona

> Renunciar a tu ansiedad no significa que no te importe el problema; significa que le entregas tu problema a Dios y dejas en sus manos lo que vaya a ocurrir.

Recuerda

- ✴ Si Dios se preocupa por las aves del cielo y los lirios del campo, ¿cuánto más se preocupará por ti?
- ✴ No te preocupes por el mañana, porque el mañana trae su propia ansiedad.
- ✴ Cree que Dios siempre ha sido y siempre será fiel.
- ✴ Filipenses 4:6-9 es tu plan de acción para luchar contra la ansiedad.
- ✴ Dios es el único que puede llevarse el peso de tus preocupaciones y, en su lugar, darte la paz.

ABRE **TU** CORAZÓN

Querido Señor:

Admito que soy muy propensa a preocuparme. Me preocupo por las cosas pequeñas y por las cosas grandes. Reconozco que preocuparse es un pecado. La ansiedad me produce una carga que nunca me pediste que llevara. Es agotador. Por favor, ayúdame más bien a entregarte esas cargas a ti. Ayúdame a pasar más tiempo en oración contigo. Ayúdame a expresarte mis necesidades. Cámbiame de adentro hacia fuera. Te entrego mis temores y te pido que me llenes con tu paz. Gracias por amarme y cuidarme. ¡Te amo!

Amén.

Considera

———— **Salmo 23** ————

Jehová es mi pastor; nada me faltará.
En lugares de delicados pastos me hará descansar;
Junto a aguas de reposo me pastoreará.
Confortará mi alma;
Me guiará por sendas de justicia por amor de su nombre.
Aunque ande en valle de sombra de muerte,
No temeré mal alguno, porque tú estarás conmigo;
Tu vara y tu cayado me infundirán aliento.
Aderezas mesa delante de mí en presencia de mis
   angustiadores;
Unges mi cabeza con aceite; mi copa está rebosando.
Ciertamente el bien y la misericordia me seguirán todos los
   días de mi vida,
Y en la casa de Jehová moraré por largos días.

- -

**Más
PROFUNDO**

Salmo 55:22
Salmo 56:3
Mateo 11:28-30
Colosenses 3:15
1 Pedro 5:6-8

- -

HABLEMOS DE TI

1. ¿Qué te preocupa tanto como para no dejarte dormir por las noches?
2. ¿Cómo describirías mejor a la ansiedad?
3. Abre tu Biblia y lee Mateo 6:25-34. Subraya las palabras y frases que llamen más tu atención. ¿Cuál de esas palabras o frases te produce más esperanza?
4. ¿De qué manera preocuparte por el mañana te roba el gozo de hoy?
5. ¿Qué necesitas cambiar en tu vida para que puedas confiarle tus preocupaciones a Dios?

¡En
ACCIÓN! Usa el cronómetro de tu teléfono y configúralo por tres minutos. Ahora usa esos tres minutos para meditar en Filipenses 4:6-7 (NBLA). Básicamente, lee este pasaje una y otra vez, y medita en lo que significa.

Por nada estén afanosos; antes bien, en todo, mediante oración y súplica con acción de gracias, sean dadas a conocer sus peticiones delante de Dios. Y la paz de Dios, que sobrepasa todo entendimiento, guardará sus corazones y sus mentes en Cristo Jesús.

Después de haber meditado, hazte esta pregunta: ¿Qué necesito cambiar en mi vida para obedecer las instrucciones de Dios en este pasaje?

Miren las *aves* del cielo,
que no siembran, ni siegan,
ni recogen en graneros,
y sin embargo, el Padre
celestial las *alimenta.*
¿No son ustedes de
mucho más valor
que ellas?

Mateo 6:26 (NBLA)

capítulo 4

El lado positivo
de la desilusión

Habían pasado ya más de cinco años desde que yo (Bethany) había colgado mi radiante vestido en el fondo de mi armario. Mi sueño romántico de atravesar ese pasillo de bodas junto a mi apuesto príncipe no se asomaba en el horizonte.

¿Quieres saber qué había a la vista? Pelusas y polvo. Cantidad de pelusas y polvo haciendo de mi vestido su hogar.

Cuando ocasionalmente me detenía a mirar el vestido, sentía una nueva puñalada clavada en mi espalda. Al instante, mi mente se llenaba de pensamientos negativos. *No estás casada. Nunca te casarás. Probablemente, terminarás siendo una vieja solterona, que se hamaca en una mecedora y teje en el frente de su casa.* En esos momentos, colocaba rápidamente otra vez la ropa en su lugar y trataba de cubrir el vestido de novia.

No quería recordar lo diferente que estaba resultando mi vida comparada con lo que yo esperaba. No quería pensar en lo estúpida que me sentía por gastar más de mil dólares en ese vestido sin usar. No quería otro recordatorio de lo sola que estaba.

Nunca olvidaré la tarde en que casi se me escapa mi pequeño secreto del vestido de novia. Estaba pintando mi habitación, y algunas amigas me estaban ayudando. Movimos los muebles al centro y nos pusimos a trabajar. Conversamos, escuchamos música, comimos pizza y lo pasamos muy bien. Hasta que una de mis amigas intentó mirar dentro de mi armario. La vi abrir las puertas y dirigirse hacia ese lado del armario: el lado prohibido. El lado que guardaba mi secreto confidencial.

Ella no podía descubrir mi secreto. Todavía no.

Me sentía demasiado avergonzada. Demasiado apenada. Tampoco estaba de humor como para dar explicaciones. Sin siquiera pensarlo, corrí al otro lado de la habitación y cerré las puertas del armario de golpe. "No puedes mirar allí —le dije—. Hay… eh… algunos regalos secretos y… eh… no quiero que nadie los vea… ja, ja".

Fue un momento incómodo. Ella sabía que yo no estaba diciendo toda la verdad, pero no insistió al respecto. Lo dejó pasar, y eso fue todo. Terminamos de pintar y cada una se fue a su casa.

Esa noche me encontraba acostada en mi cama aturdida por mi estado de soltería. Me preguntaba cómo sería caminar por el pasillo de la iglesia en mi vestido de novia. Y sobre todo, ¿cómo sería tener un marido con el que compartir la vida? Miraba las puertas de mi armario y me preguntaba si algún día eso se convertiría en realidad.

Mi corazón se llenó de desilusión, y mis ojos, de lágrimas. En el oscuro silencio de mi habitación en el segundo piso, comencé a llorar.

Todas lidiamos con la desilusión

La vida está llena de momentos, horas, días y años que son cualquier cosa menos lo que esperábamos que fueran. La desilusión es una realidad que todas debemos enfrentar. A veces se trata de un peso aplastante que parece consumirlo todo (por ejemplo, al perder inesperadamente a un ser querido), y otras veces tiene más que ver con un deseo que no se cumple (por ejemplo, cuando conduces hasta tu cafetería favorita solo para darte cuenta de que está cerrada). Cualquiera que sea tu caso personal, las desilusiones forman parte de nuestra vida cotidiana.

¿Qué desilusiones te ha tocado enfrentar en esta última semana, día u hora?

Si no aprendemos a manejar nuestras decepciones (grandes o pequeñas) de una manera bíblica, nos dejarán aplastadas sin esperanza o, simplemente, derrotadas.

En la Biblia, encontramos muchos ejemplos de personas comunes que enfrentaron duras desilusiones.

Vemos la historia de Ester, cuya vida estuvo llena de altibajos de los que podemos leer en el Antiguo Testamento, en el libro que lleva su nombre. Aunque Dios la usó para ayudar a salvar a su pueblo (los judíos) de ser eliminados, ella experimentó una vida de mucha desilusión. Era una huérfana criada por su primo, Mardoqueo. Luego fue arrancada de la casa de su primo y obligada a participar en un concurso de belleza para convertirse en reina. Si ganaba, se casaría con uno de los hombres más poderosos y malvados de la tierra. Si perdía, tendría una vida solitaria como concubina de este rey. Ella ganó el certamen, pero ese era solo el comienzo de sus dificultades. Tuvo que arriesgar su vida para salvar a las mismas personas de las que había sido arrebatada. Dios la usó para "una ocasión como esta" (Ester 4:14, NBLA), pero su vida realmente fue lo contrario de lo que ella hubiera planeado.

En Génesis 37—50, vemos que la historia de José también está plagada de dificultades. Tuvo que enfrentar una desilusión tras otra, y ninguna de ellas siquiera era consecuencia de su propio actuar. Fue víctima del trato abusivo de sus propios hermanos. Fue vendido por ellos como esclavo, acusado falsamente de cometer un crimen y arrojado a un calabozo por muchos años. Pero, a pesar de todo lo que estaba en su contra, eligió honrar a Dios y perdonar a aquellos que lo habían lastimado. Después de todo esto, les dijo algo extraordinario a sus hermanos: "Ustedes pensaron hacerme mal, *pero* Dios lo cambió en bien" (Génesis 50:20, NBLA).

Unos miles de años después, vemos que la desilusión es algo cotidiano para las mujeres en la actualidad, como lo es para ti y para nosotras dos.

La desilusión se presenta de todas las maneras imaginables.

Tomemos como ejemplo a nuestra amiga Anna. Conoció al hombre de sus sueños (o eso pensaba) y se embarcó en la aventura de ser felices para siempre. Solo tomó dos años para que su matrimonio se derrumbara. Su marido la dejó por otra mujer. Nada de lo que Anna hiciera o le dijera lo haría quedarse. Había encontrado a su nueva "alma gemela" y listo. Si de desilusiones devastadoras se trata, esta destruyó a Anna.

¿Qué tal el caso de nuestra amiga Lana? Había retomado su vida y se había mudado al otro lado del país para el trabajo de sus sueños. Era más de lo que había soñado lograr con su carrera. Sin embargo, sus sueños se derrumbaron dos meses después de mudarse. Alguien compró la compañía para la que había ido a trabajar y su puesto fue eliminado. De repente, se encontraba sin trabajo y en una nueva ciudad donde casi no tenía amigos. ¡Qué decepción!

¿Y nuestra amiga Shawna? Siempre había soñado con crecer y tener relaciones estrechas con sus hermanos y sus padres. La familia era un asunto sumamente importante para ella, y quería forjar lazos profundos de cercanía con los suyos. Desdichadamente, esa no fue la realidad de su historia. Debido a la amargura y la falta de perdón entre sus padres, la familia de Shawna se dividió. Su mamá y su papá estaban obligando a Shawna y a sus hermanos a decidir por alguno de los dos bandos. Esto destrozó la familia. Shawna experimentó una desilusión tan profunda como jamás se imaginó.

Todas tenemos que enfrentar desilusiones, ya sean de las pequeñas, las grandes o las que nos cambian la vida. No importa quién seas, de dónde vengas, cuánto dinero tengas o qué tan popular seas, la desilusión llama a la puerta de todas en un momento u otro.

Encontrar gozo en medio de la desilusión

La pregunta que deberíamos hacernos no es: "¿Experimentaré desilusión?", sino más bien: "¿Cómo puedo encontrar gozo cuando me golpee la desilusión?". En los últimos años, Dios nos ha enseñado mucho a las dos acerca de encontrar gozo en medio de nuestras propias decepciones. Al experimentar dificultades como la infertilidad, el aborto espontáneo, la soltería, un vestido de novia sin usar, la muerte de nuestro hermanito, la pérdida de nuestros abuelos, el fallecimiento repentino de un buen amigo, una lesión deportiva que puso a una de nosotras en el banco de baloncesto en la escuela secundaria durante meses, la pérdida inesperada de una mascota y una amistad rota, Dios nos ha mostrado que es posible tener gozo a pesar de nuestras circunstancias.

El gozo verdadero y el sufrimiento real pueden *coexistir.*

Hemos llegado a comprender que el gozo verdadero y el sufrimiento real pueden coexistir.

No somos perfectas en cuanto a esto. Con frecuencia nos encontramos luchando con la Palabra de Dios y pidiéndole que cambie nuestras circunstancias. Pero, en definitiva, sabemos que la desilusión no tiene por qué robarnos el gozo.

Nos encanta cómo una autora ofrece su perspectiva sobre este tema:

Dios promete que aquellos que lo buscan no tendrán falta de ningún bien (Salmo 34:10). En realidad, nuestras decepciones más dolorosas a menudo parecen ser cosas buenas que Dios rehúsa darnos… Pero si Dios siempre está trabajando para el bien de aquellos que lo aman (Romanos 8:28), entonces lo que anhelábamos (de la manera exacta y en el momento preciso en que lo deseábamos) no era bueno, o Dios no ha terminado aún de redimir esa desilusión para bien. Y mientras tanto, tenemos a Dios mismo. Solo Él es bueno (Mateo 19:17). Toda buena dádiva y todo don perfecto proviene de Él (Santiago 1:17). Si Él es nuestro pastor, el bien y la misericordia nos seguirán todos los días de nuestras vidas (Salmo 23:6). Y nada, ni siquiera la desilusión más devastadora, puede separarnos de su amor (Romanos 8:31-39).

Cada decepción que he enfrentado ha sido una invitación al humilde arrepentimiento, y a probar si mi corazón realmente busca una cosa: morar, contemplar e indagar solo en Dios (Salmo 27:4). Dios es el bien supremo y único que todo lo satisface. Ninguna decepción puede arrebatarnos a Dios, sino que a menudo nos conduce a Él.[3]

En lugar de desanimarnos por la desilusión, elijamos buscar a Dios en medio de nuestras batallas. Puedes estar pensando: *De acuerdo, eso suena genial, espiritual y correcto… pero, ¿cómo lo hacemos exactamente? ¿Cómo nos acercamos a Dios en medio de nuestros anhelos insatisfechos?*

Queremos compartir contigo cuatro formas prácticas en que Dios nos ha ayudado a profundizar nuestra relación con Él y encontrar gozo en medio de nuestras propias decepciones. Esperamos que estas verdades te equipen para encontrar el gozo verdadero en medio de las tuyas también.

1. Sométete humildemente a la historia de Dios para tu vida.

El descontento y el conflicto a menudo surgen en nuestros corazones cuando olvidamos quién sostiene la pluma de nuestra historia. Cuando miramos a nuestro alrededor y comenzamos a comparar nuestra historia con la de los demás, perdemos de vista que Dios pone a cada persona en un camino diferente. Su tiempo no es el mismo para todas nosotras. Su plan está hecho a medida para nuestro viaje individual y para nuestro mayor beneficio.

---

3. Kaitlin Miller, "Why Would God Allow My Disappointment?", Desiring God (blog), 23 de noviembre de 2020, https://www.desiringgod.org/articles/why-would-god-allow-my-disappointment/.

Yo (Bethany) luché con esto mientras estaba lesionada y en el banco del equipo principal de baloncesto durante mi último año de secundaria. El baloncesto era mi vida en ese momento, y esa lesión fue devastadora para mí. No más partidos finales en casa. No más momentos con mis compañeras de último año. Todo se había acabado. Vi a mis amigas disfrutar de su último año sin lesiones y graduarse con suma felicidad. Aunque eso fue muy difícil para mí, Dios trabajó tiernamente en mi corazón y me recordó por medio de su Palabra que Él era quien escribía la historia de mi vida. Mi historia era diferente a la de mis compañeras de equipo, y Dios tenía un buen plan para mí.

A pesar de que deseaba haber terminado mi último año de la mejor manera, Dios me recordó algunas verdades de su Palabra, como: "¿Por qué te abates, oh alma mía, y por qué te turbas dentro de mí? Espera en Dios; porque aún he de alabarle, salvación mía y Dios mío" (Salmo 42:11) y "Venga tu reino. Hágase tu voluntad, como en el cielo, así también en la tierra" (Mateo 6:10).

Someter humildemente mi vida a la historia de Dios para mí fue mi primer paso hacia el gozo verdadero, y también lo es para ti.

2. Confía en que el plan de Dios es para tu bien.

Vivimos en una época en la que lo *bueno* significa conseguir lo que quieres. La buena vida se centra en la felicidad personal y en hacer realidad todos nuestros sueños. Pero la versión de Dios de lo *bueno* es lo opuesto a esto. (Profundizaremos en la bondad de Dios en el capítulo 5). No es superficial ni tan inconsistente como nuestro estado de ánimo. Dios sabe que la satisfacción verdadera y duradera solo proviene de llegar a ser más como Cristo y de amar a Dios más plenamente. Nuestras circunstancias no son el factor definitorio de nuestro gozo y esperanza. La versión de Dios de lo *bueno* suele parecerse a permitir circunstancias desafiantes en nuestras vidas con el fin de recordarnos nuestra necesidad de Él.

Yo (Kristen) he luchado repetidas veces con esta verdad. Cada vez que me encuentro cediendo al desaliento a causa de mi infertilidad, me recuerdo a mí misma que lo *bueno* no significa obtener lo que quiero cuando lo quiero. Elijo dejar que mi corazón se impregne en pasajes de las Escrituras como el Salmo 119:68, que dice: "Bueno eres tú, y bienhechor; enséñame tus estatutos", y Efesios 2:10, que nos recuerda que "somos hechura suya, creados en Cristo Jesús para buenas obras, las cuales Dios preparó de antemano para que anduviésemos en ellas".

Confiar en que el plan de Dios es para tu bien es el segundo paso hacia el gozo verdadero.

3. Sirve a Dios de todo corazón en este momento.

Muchas de nosotras luchamos tanto con el peso de nuestras desilusiones, que se convierte en una barrera que nos impide seguir adelante. Comenzamos a ver nuestra identidad y nuestra vida a través de la lente de nuestros anhelos insatisfechos, en lugar de a través de nuestra identidad de hijas de Dios.

Dios quiere que pongamos nuestros deseos a los pies de su altar y los ofrezcamos como un sacrificio de adoración a Él. También quiere usarnos para construir su reino de maneras únicas en este preciso momento. Él no necesita que nuestras circunstancias cambien para que podamos vivir para Él de todo corazón.

En los últimos años, nosotras dos hemos tenido que replantear nuestra mentalidad sobre lo que significa ser exitosas o fieles. Dios aún no me ha dado (Kristen) un embarazo saludable, por lo que he tenido más tiempo y energía para invertir en las vidas de las mujeres jóvenes de mi comunidad y de Girl Defined. En lugar de detenerme en lo que no tenía (hijos), me esforcé por ser fiel con lo que sí tenía (oportunidades de discipulado).

> Gracias a la muerte de Cristo en la cruz y su *resurrección*, podemos mirar más allá de nuestras desilusiones terrenales hacia la esperanza y el gozo futuros que durarán por toda la *eternidad*.

Dios no me dio (Bethany) un esposo hasta mis treinta años. Aprendí a usar ese tiempo para dedicarlo a mi iglesia, animar a otras mujeres solteras, invertir en mi familia y vivir apasionadamente para Cristo allí, donde Él me había puesto. Durante ese tiempo, aprendí realmente a florecer. Incluso tuve la oportunidad de escribir un libro con Kristen sobre el tema (*El amor definido por Dios*) y animar a otras jóvenes que estaban transitando por una temporada similar.

Independientemente de la etapa de la vida en la que estés, Mateo 6:20-21 (NBLA) puede ser un ancla para tu corazón tal como lo fue (y es) para el nuestro: "sino acumulen tesoros en el cielo, donde ni la polilla ni la herrumbre destruyen, y donde ladrones no penetran ni roban; porque donde esté tu tesoro, allí estará también tu corazón".

Servir a Dios de todo corazón en este momento es el tercer paso hacia el gozo verdadero.

4. Mantén tus ojos enfocados en tu esperanza futura.

Las desilusiones, por duras que sean, nos dan la oportunidad de aferrarnos a Jesús como todo lo que tenemos. Curiosamente, esas decepciones se convierten en el medio mismo para acercarnos a lo que nuestra alma necesita de verdad: más de Jesús. Con esa perspectiva, nuestras desilusiones se convierten en temporadas significativas y llenas de propósito en nuestras vidas. También nos recuerdan regularmente que necesitamos a Jesús porque vivimos en un mundo quebrantado. El dolor, las decepciones, la pérdida y el quebrantamiento que enfrentamos son el resultado directo del mundo caído en el que vivimos. Son una realidad temporal.

Gracias a la muerte de Cristo en la cruz y su resurrección, podemos mirar más allá de nuestras desilusiones terrenales hacia la esperanza y el gozo futuros que durarán por toda la eternidad. Como nos recuerda un escritor: "Hay un día, un día eterno en un futuro no muy lejano, en el que se quitará toda decepción y en el que todas las cosas no solo serán nuevas, sino que continuarán siendo nuevas. Todas las posibles fuentes de desilusión serán eliminadas, y todas nuestras esperanzas se cumplirán".[4]

Tener esta esperanza futura ha sido un gran estímulo para mí (Bethany). Cada vez que miraba ese vestido de novia, sentía una terrible necesidad de esperanza. Necesitaba saber que la angustia, las lágrimas y los anhelos insatisfechos no durarían para siempre. Necesitaba recordarme a mí misma verdades como "Mantengamos firme, sin fluctuar, la profesión de

4. David Murray, "Six Steps Out of Disappointment", Desiring God, consultado el 6 de enero de 2021, https://www.desiringgod.org/articles/six-steps-out-of-disappointment.

nuestra esperanza, porque fiel es el que prometió" (Hebreos 10:23), y "pero los que esperan a Jehová tendrán nuevas fuerzas; levantarán alas como las águilas; correrán, y no se cansarán; caminarán, y no se fatigarán" (Isaías 40:31). Mantener tus ojos en tu esperanza futura en Jesús es tu cuarto paso hacia el gozo verdadero.

La próxima vez que te encuentres luchando con una desilusión, recuerda los cuatro pasos hacia el gozo verdadero:

1. Sométete humildemente a la historia de Dios para tu vida.
2. Confía en que el plan de Dios es para tu bien.
3. Sirve a Dios de todo corazón en este momento.
4. Mantén tus ojos enfocados en tu esperanza futura.

Él se encarga del futuro

A pesar de que mi vestido de novia siguió colgado en el fondo de mi armario durante muchos años más, aprendí a tener esperanza en las promesas de la Palabra de Dios. Memorizar los diferentes pasajes que compartí contigo en este capítulo fue una gran parte de mi viaje desde la desilusión hasta el gozo verdadero. Tener la capacidad de llenar mi mente con la verdad no tenía precio.

Te alentamos a memorizar al menos dos o tres de los versículos de la Biblia que compartimos a lo largo de este capítulo. Guardar la Palabra de Dios en tu corazón te permitirá recordar la verdad en los momentos cuando más la necesites.

Recuerda siempre que tu esperanza está en Cristo, y tu futuro está en Él. Es posible experimentar un gozo verdadero y duradero. Cuando llegue la decepción, aférrate a la esperanza que se encuentra en tu relación con Jesús. Aférrate a tu Salvador, sabiendo que Él te sostendrá en cada momento difícil. En Él hay esperanza para los días buenos, los días malos y todos los demás días intermedios.

Reflexiona

> El gozo verdadero y el sufrimiento
> real pueden coexistir.

Recuerda

★ Todos enfrentaremos desilusiones en esta vida.

★ Lo que en este momento demanda tu confianza en Dios es, justamente, lo que quiere usar para acercarte más a Él.

★ Aférrate a tu Salvador, sabiendo que te sostendrá en cada momento difícil.

★ Las desilusiones, por duras que sean, nos dan la oportunidad de aferrarnos a Jesús como todo lo que tenemos.

★ Gracias a la muerte de Cristo en la cruz y su resurrección, podemos mirar más allá de nuestras decepciones terrenales a la esperanza y el gozo futuros que durarán por toda la eternidad.

ABRE **TU CORAZÓN**

Querido Señor:
Solo quiero decirlo en voz alta: la vida es dura. Es difícil enfrentar la desilusión. No me gusta. Por favor, ayúdame a encontrar esperanza en que esta vida no es mi eternidad. Un día pasaré a vivir por siempre contigo. Gracias por esa esperanza. Gracias por Jesús. Ayúdame a correr hacia ti cuando me enfrente a la decepción. Usa los momentos difíciles de mi vida para profundizar mi relación contigo. Gracias por recordarme que mis desilusiones no carecen de sentido.
Amén.

Considera

──────── **Isaías 40:28-31** ────────

¿No has sabido, no has oído que el Dios eterno es Jehová, el cual creó los confines de la tierra? No desfallece, ni se fatiga con cansancio, y su entendimiento no hay quien lo alcance. Él da esfuerzo al cansado, y multiplica las fuerzas al que no tiene ningunas. Los muchachos se fatigan y se cansan, los jóvenes flaquean y caen; pero los que esperan a Jehová tendrán nuevas fuerzas; levantarán alas como las águilas; correrán, y no se cansarán; caminarán, y no se fatigarán.

──────── **1 Pedro 5:10-11** ────────

Mas el Dios de toda gracia, que nos llamó a su gloria eterna en Jesucristo, después que hayáis padecido un poco de tiempo, él mismo os perfeccione, afirme, fortalezca y establezca. A él sea la gloria y el imperio por los siglos de los siglos. Amén.

Más

PROFUNDO

Salmo 16:11

Salmo 42:11

Salmo 103:1

Salmo 104

Salmo 119:68

HABLEMOS DE TI

1. ¿Cuál es tu mayor desilusión en este momento de tu vida?

2. ¿Cómo es posible tener gozo verdadero en medio del sufrimiento real?

3. ¿De qué manera has dudado de la bondad de Dios por causa de la decepción?

4. ¿Cómo te trae esperanza el Salmo 34:10?

5. Abre tu Biblia en el último libro y lee Apocalipsis 21:1-5. Dios está preparando un hogar eterno donde Él morará contigo cara a cara. ¿Cómo te alienta esa promesa para seguir adelante?

6. ¿Cómo sería si realmente te aferraras a Jesús en medio de la desilusión?

¡En ACCIÓN!

Abre tu Biblia y lee la historia de José en Génesis 37–50. Su vida estuvo llena de grandes decepciones. ¿Qué cambiaría en tu vida si respondieras a la decepción como lo hizo José? ¿Y si confiaras tanto en Dios que pudieras decir: "Ustedes pensaron hacerme mal, *pero* Dios lo cambió en bien"?

Escribe en un diario tus pensamientos y comparte cómo sería tu vida si respondieras a la desilusión como lo hizo José.

Me mostrarás
la senda de la vida;
en tu presencia
hay plenitud de gozo;
delicias a tu diestra
para siempre.

Salmo 16:11

capítulo 5

Dios, ¿en verdad eres bueno?

Mi segundo aborto espontáneo (Kristen) ocurrió dos semanas después de mi cumpleaños número 27. Lo que comenzó como un nuevo año increíble y lleno de esperanza dio un desfavorable giro inesperado. Como mi cumpleaños es el 7 de enero, las festividades y la emoción de Navidad y Año Nuevo siempre persisten.

Pero no ese año.

Se suponía que ese iba a ser *mi* año. El año en que todo saldría bien. El año en que mis penas por el primer aborto espontáneo (seis meses antes) se verían ensombrecidas por la alegría de ese nuevo embarazo. Pero en cambio, parecía que el Grinch se había robado todo lo hermoso y feliz. El sonido de los villancicos y los fuegos artificiales de Año Nuevo se desvanecieron de repente en mi corazón, mientras una ola de dolor se apoderaba de mí.

¿Cómo podría estar pasándome esto de nuevo? Me preguntaba mientras un torrente de lágrimas me empañaba la vista. Había investigado en línea las estadísticas de abortos espontáneos recurrentes, y los números eran bajos. La mayoría de las mujeres que experimentan un aborto espontáneo luego tienen embarazos saludables.

Pero yo no.

Cuando comenzaron los cólicos y el sangrado alrededor de las seis semanas y media, Zack inmediatamente me llevó al hospital. Después de una ecografía rápida y muy incómoda, mi médico me dijo que todo se veía bien. Incluso reprodujo el sonido de los latidos del corazón del bebé a través de los altavoces, para que lo escucháramos. Mientras observaba ese pequeño parpadeo del pulso en la pantalla, una chispa de esperanza parpadeaba dentro de mi propio corazón.

"No estoy seguro de qué está causando el sangrado —dijo mi médico—, pero los latidos del corazón son fuertes, y tu útero se ve bien".

Mientras Zack me llevaba de regreso a casa, casi no hablamos. Simplemente, me tomó la mano de manera firme y amorosa, recordándome que no estaba sola. Varias horas después, las cosas empeoraron. Enviamos un mensaje de texto a mi médico para decirle exactamente lo que estaba sucediendo. Sus palabras fueron breves, compasivas y sinceras.

"Kristen, lamento mucho decir esto, pero parece que estás teniendo un aborto espontáneo. Por favor, no dudes en tomar medicamentos para el dolor según sea necesario. Una vez más, lo siento mucho. Estoy aquí si necesitas algo".

Para las 10 de la noche, el aborto espontáneo ya había ocurrido.

"No entiendo... Todo estaba bien... ¡No puedo soportar esto de nuevo!", le dije a Zack con angustia mientras me abrazaba. Lloramos juntos toda la noche.

Las siguientes semanas y meses fueron extremadamente duros, mientras transitaba otra vez por el mismo camino de dolor. No solo se me escapaban mis sueños de maternidad, sino que además se estaban convirtiendo en una pesadilla recurrente. Al acercarnos a nuestro tercer aniversario de bodas que sería el verano siguiente, mis brazos vacíos se tornaban cada vez más pesados. ¿Por qué Dios permitiría que esto me sucediera dos veces? ¿Por qué no detuvo este segundo aborto espontáneo? ¿Por qué se llevaría a mi bebé de nuevo? ¿No ve el dolor que estoy soportando?

Tenía muchas más preguntas que respuestas.

Durante esa temporada tan difícil, un día Bethany y yo estábamos conversando sobre lo desafiante e impredecible que puede ser la vida. Ambas reconocimos que nuestras vidas realmente no estaban resultando de la manera que esperábamos. Yo estaba de luto por la pérdida de un segundo embarazo, y ella estaba atravesando el valle de una ruptura intensamente dura. Justo cuando ambas pensábamos que estábamos dando un paso adelante en el juego de la vida, nos encontramos de nuevo en el punto de partida. No había un bebé para mí, ni un matrimonio para ella.

¿Qué estaba haciendo Dios? ¿Qué sentido tenía todo esto? Ambas luchábamos con la misma pregunta: *Si Dios es bueno, ¿por qué permite esto?* Teológicamente, sabíamos que Dios era bueno porque la Biblia lo decía, pero necesitábamos más que eso. Necesitábamos saber *de qué manera* Él era bueno en medio de tanto dolor y pérdida. ¿Por qué estaba permitiendo estas pruebas en nuestras vidas?

Sé que no somos las únicas que nos hacemos estas preguntas. Esta es probablemente una de las preguntas más comunes con las que los cristianos luchan: *¿Por qué un buen Dios permitiría que les sucedan cosas tan difíciles a las personas?* ¿Has luchado con eso? Como cristianas, normalmente hacemos esta pregunta cuando caminamos a través de un valle oscuro. La mayoría de nosotras no cuestionamos la bondad de Dios cuando estamos rodeadas de margaritas y mariposas con un café con leche en la mano. Cuestionamos el carácter de Dios cuando la vida se pone dura y se llena de dolor. Cuando tocamos fondo. Cuando nuestra almohada está llena de lágrimas. En esos momentos, nos preguntamos si Dios nos ama. Si Él nos ve. Si es que le importan nuestras circunstancias.

Dichosamente, nuestro Creador no se sorprende ni se asusta de nuestras preguntas. No se escandaliza de que estemos luchando por confiar en Él. Como nos recuerdan los salmos: "Porque él conoce nuestra condición; se acuerda de que somos polvo" (Salmo 103:14). Dios sabe que somos humanos frágiles, y quiere ayudarnos a depositar en Él nuestras luchas para que podamos enfrentarlas juntos. Quiere consolar nuestros corazones quebrantados con el bálsamo de su Palabra. Mateo 11:28 (NBLA) nos recuerda tiernamente:

> Vengan a Mí, todos los que están cansados y cargados, y Yo los haré descansar.

Vayamos a Él ahora mismo. Juntas como hermanas. Traigamos cada una nuestros dolores, luchas, quebrantos y

Dios, ¿en verdad eres bueno?

preguntas a la Palabra de Dios encarnada, para ver lo que Él dice. Enfrentemos todo esto juntas. Si Dios realmente es *bueno*, averigüémoslo.

¿Le importa a Dios mi sufrimiento?

¿Recuerdas esa época en que había una escasez mundial de papel higiénico y todos corrían a las tiendas para comprarlo? Divulgación completa: yo era una de esas personas. Lo sé, lo sé. No habría ido si no fuera porque estaba completamente sin papel higiénico. Te lo aseguro. Nunca había esperado en una fila tan larga para comprar papel higiénico en toda mi vida. Fue increíble. No solo eso, sino que la gente estaba estresada y enojada. Nadie sonreía. La tensión era real. Por fin, conseguí mi paquete de papel higiénico y seguí mi camino. Dichosamente, la escasez de papel no duró para siempre, y los estantes se reabastecieron con rollos blancos y esponjosos. ¡Quién diría que comprar papel higiénico podría ser tan memorable!

La escasez de papel higiénico provocó un mar de memes e imágenes divertidas en las redes sociales, pero también reveló algo más profundo sobre nosotros, los seres humanos. No manejamos muy bien lo *inesperado*. Incluso, aunque se trate de papel higiénico. Cuando la vida nos lanza un imprevisto, nos irritamos rápidamente. Somos rápidos para ser groseros. ¿Estoy en lo cierto? En lo profundo de nuestros corazones, somos propensos a creer que la buena vida está libre de cualquier inconveniente o dificultad.

Esta actitud nos acompaña durante toda nuestra vida. Tanto en las cosas pequeñas como en las grandes.

Como resultado de esta mentalidad, la mayoría de nosotras nos sentimos totalmente sorprendidas cuando nos toca enfrentar cosas muy difíciles. Nos conmocionamos y nos sentimos confundidas. Instantáneamente, cuestionamos el carácter de Dios y su bondad. Cuestionamos su amor. Pensamos en nuestro interior: *Dios, si realmente te preocuparas por mí, cambiarías mis circunstancias. ¡No permitirías que esto sucediera!* Y así, en nuestro dolor, juzgamos el carácter de Dios a través de la lente de nuestras circunstancias. Decidimos que, después de todo, Él no debe ser un Dios muy bueno. *Si Él fuera bueno, me daría una buena vida.*

Exactamente así me sentía yo (Kristen) después de mi segundo aborto espontáneo. Recuerdo estar sola sentada en mi habitación una tarde, luchando con todo tipo de sentimientos hacia Dios. Para ser franca, estaba enojada con Él. No creía que fuera bueno ni amoroso conmigo. Permitió que me quitaran uno de los regalos más preciados que me habían dado. Seguramente, un Dios amoroso no haría eso. De seguro un Padre amoroso me libraría de tanto dolor, ¿verdad?

Y fue ahí donde tomé mi primer camino equivocado. Probablemente, tú también hayas tomado este camino equivocado alguna vez.

Como cristianas modernas, a menudo tenemos esta idea de que nuestras vidas deben estar protegidas sobrenaturalmente de grandes dolores y sufrimientos. Imaginamos una especie de nube de protección blanca y esponjosa que nos libra de todo peligro externo. ¿No sería genial? Pero la Biblia nunca nos promete esto. De hecho, nos promete lo contrario a una nube blanca y esponjosa. En 1 Pedro 4:12 (NBLA) dice literalmente:

> Amados, no se sorprendan del fuego de prueba que en medio de ustedes ha venido para probarlos, como si alguna cosa extraña les estuviera aconteciendo.

¡Ay! La Biblia nos dice que *esperemos* las pruebas. La Biblia nos advierte que no nos sorprendamos. Aparentemente, las pruebas son una parte normal de la existencia humana. Nadie está exento. Incluso Jesús mismo experimentó pruebas y sufrimiento cuando vino a esta tierra. Y Él era perfecto. Si alguien merecía una nube blanca y esponjosa, era Él. Pero ¿qué le sucedió a Él? Sufrió. Y mucho.

Piénsalo.

A diferencia de todas las demás religiones del mundo, el Dios de la Biblia está personalmente familiarizado con la angustia y el dolor. Él sabe de primera mano lo que es el sufrimiento. Podríamos imaginar a Dios como un anciano alto y canoso sentado en el cielo buscando a alguien a quien aplastar. Pero a lo largo del Antiguo y Nuevo Testamento, vemos una imagen sorprendentemente inesperada de Dios. Él no es una especie de mago enojado que se sienta en lo alto de su trono, sonriendo ante el dolor y el sufrimiento de los que están debajo de Él. Nada que ver.

Por su propia elección, Jesús dejó su glorioso y perfecto hogar en el cielo para entrar en nuestro mundo sucio y quebrantado. Tomó el cuerpo de un ser humano para poder caminar con nosotros, hablar con nosotros, llorar con nosotros, dirigirse a nosotros y salvarnos. *Él vino a nosotros.* Entró en nuestro caos. Se enfrentó al dolor de este mundo, aunque no merecía nada de eso. Fue rechazado por los seres humanos, burlado, golpeado, despojado de su dignidad y, finalmente, clavado en una cruz de madera. Él eligió voluntariamente una

> Él eligió voluntariamente una vida de *sufrimiento* para darnos una nueva *vida.*

vida de sufrimiento para darnos una nueva vida. Él murió para pagar el castigo por el pecado que merecíamos (Juan 3:16). Allí vemos reflejado el carácter de nuestro Salvador. Él no es un Dios distante que está ajeno a las experiencias y los dolores humanos, sino un Padre íntimo, relacional y amoroso que camina con sus hijos a través del sufrimiento. Si estás luchando por creer que Dios te ama debido a tus circunstancias difíciles, permite que esta hermosa realidad del evangelio reconquiste tu corazón en este momento: *Tú, mi hermana, eres tan amada por Jesús, que Él voluntariamente dejó su lugar perfecto en el cielo para vivir como ser humano una vida llena de sufrimiento, dolor, rechazo y pérdida. Lo hizo con el propósito principal de redimir a la humanidad mediante una muerte dolorosa en una cruz, para que pudieras ser salva. Eso representa lo mucho que Él te ama.*

El evangelio nos muestra cuán increíble es el amor de Dios por nosotras. Solo un Dios amoroso y sacrificial moriría para salvar a su pueblo. Ese es nuestro Dios. Necesitamos, una y otra vez, recordarles a nuestros corazones sobre la cruz.

La próxima vez que estés en medio de un momento de intenso dolor porque alguien a quien amas te rechazó, recuerda que Jesús te entiende porque Él también fue rechazado. La próxima vez que te atormenten los horribles recuerdos del abuso del que fuiste víctima, recuerda que Jesús te entiende porque Él también soportó daño físico y abuso a manos de otros. (Por favor, lee la página 113 con respecto al abuso). La próxima vez que te encuentres abatida bajo el peso del dolor, recuerda que Jesús te entiende porque Él también enfrentó la aflicción. La próxima vez que te encuentres sola, con lágrimas en tus ojos, vuélvete a Dios y dile: *Dios, siento mucho dolor en este momento. Por favor, ayúdame.* Luego dedica un momento para hacer una pausa y recordar la cruz. Recuérdale a tu corazón lleno de dolor el profundo amor que tu Padre tiene por ti, como su hija. Él entiende tu sufrimiento porque también ha sufrido. Él te ama y está contigo en este momento de dolor. No estás sola. Cuando veas tu dolor y sufrimiento a través de la lente de la cruz, verás a un Dios amoroso que se preocupa por ti. Un Dios que se opone al pecado y al mal. Un Dios que te ama profundamente y que entiende todo el dolor por el que estás transitando. El sufrimiento es más llevadero cuando sabemos que Dios está con nosotras.

Cambiada por el carácter inmutable de Dios

Aprender a ver el carácter de Dios a través de la lente de la cruz fue muy útil para mí (Kristen) durante las secuelas de mi segundo aborto espontáneo. Mis sentimientos me decían que Dios estaba muy lejos y que no se preocupaba por mí. Pero la Palabra de Dios me decía algo diferente. Al estar sentada en mi sofá una mañana con mi Biblia en la mano, me di cuenta de que había estado escuchando mis sentimientos sobre Dios, en lugar de escuchar su Palabra. Estaba dejando que mis emociones me dijeran cómo ver el carácter de Dios, en lugar de dejar que su Palabra formara mi perspectiva.

Sabía que necesitaba una buena dosis de verdad.

Entonces, me preparé una deliciosa taza de café (este es un paso esencial; seamos realistas, el café hace que todo sea un poco mejor) y abrí mi Biblia. En lugar de simplemente leer al azar un pasaje de las Escrituras, comencé a buscar versículos específicos que hablaran sobre el carácter de Dios. Mientras mi café aumentaba mi energía, la Palabra de Dios reavivaba mi alma. En lugar de tratar de convencerme de que Dios es bueno, permití que la Biblia me mostrara por qué Él es bueno. Característica tras característica de su carácter revelaban la verdadera naturaleza de Dios.

Dejé mi café y comencé a llorar un poco.

El carácter de Dios era tan hermoso, perfecto y amoroso... solo que mi enojo me había cegado de tal forma que no podía verlo. Tomé un pedazo de papel y comencé a escribir cada cualidad de su carácter que pude encontrar. Incluso hice una búsqueda rápida en Internet para averiguar dónde podía encontrar más en la Biblia sobre el tema.

Estas son algunas características del carácter de Dios que descubrí:

Dios es sabio (Romanos 11:33).

Dios es fiel (Deuteronomio 7:9).

Dios es bueno (Salmo 34:8).

Dios es todopoderoso (Salmo 33:6).

Dios es justo (Deuteronomio 32:4).

Dios es infinito (Colosenses 1:17).

Dios es misericordioso (Romanos 9:15-16).

Dios es omnisciente (Isaías 46:9-10).

Dios es compasivo (Salmo 145:8).

Dios es inmutable (Malaquías 3:6).

Dios es amor (1 Juan 4:7-8).

Dios es santo (Apocalipsis 4:8).

Dios es glorioso (Habacuc 3:4).

Y esto es solo para comenzar.

Con cada nuevo atributo que descubría, mi corazón duro se sensibilizaba más y más ante el increíble carácter de Dios. Necesitaba profundizar más. Así que decidí dividir estas cualidades de carácter en treinta días y estudiar una por día. Supongo que podríamos llamarlo un devocional de treinta días sobre el carácter de Dios.

¡Oye! Fue poderoso.

Cada mañana pasaba unos minutos meditando en una cualidad de carácter, y luego estudiaba el pasaje específico de las Escrituras que hablaba al respecto. Finalmente, terminaba en oración, agradeciendo a Dios por su carácter. Después de treinta días de practicar eso, mi corazón estaba en las nubes. ¡No necesitaba café! Solo recordar quién es Dios revitalizaba mi espíritu.

Dios es bueno, incluso cuando no sentimos que lo es.

Si estás luchando por creer que Dios es bueno, no tengo palabras para animarte a hacer este estudio de treinta días. Simplemente, toma un diario y usa mi lista para comenzar. Para descubrir aún más atributos del carácter de Dios, echa un vistazo al recurso de 30 días que creamos en www.GirlDefined.com/God [recurso en inglés]. Dios es bueno, incluso cuando no sentimos que lo es. Cuando veamos nuestras pruebas a través de la lente de su carácter y de la cruz, veremos a un Dios asombroso que nos ama y que comprende nuestro sufrimiento.

Las lágrimas no durarán para siempre

Mis abortos espontáneos (Kristen) fueron tremendamente duros en todos los niveles. Todavía no sé por qué sucedieron.

Dios no me ha dado una respuesta directa. Probablemente, nunca lo haga. Pero sí sé esto: Dios ha usado esos valles difíciles para intensificar mi relación con Él de maneras profundas. Mientras veía cómo mi sueño de convertirme en madre se desvanecía en el dolor, Dios me abrazó y me consoló. En lugar de creer las mentiras de que era estéril, inútil y un fracaso, busqué en Cristo mi identidad y encontré productividad, propósito y vida en Él. Dios también me ha abierto muchas puertas para compartir mi historia con otras mujeres que están pasando por pérdidas similares. Como resultado de lo que he vivido, he podido alentar a las mujeres de manera singular.

Mirando hacia atrás, puedo ver que mi sufrimiento y mis pérdidas no han sido en vano. Tu sufrimiento y pérdidas tampoco tienen que ser en vano. Por pesada que sea la carga que sentimos hoy, el peso no durará para siempre. La historia aún no ha terminado. En la actualidad, estamos viviendo durante un tiempo al que algunas personas llaman: "entre dos jardines". Estamos lejos del jardín perfecto del Edén de Génesis, y aún no ha llegado el día en que Dios hará nuevas todas las cosas (Apocalipsis 21:5).

Jesús vino una vez, y pronto regresará.

La culminación del plan de Dios es restaurar nuestro mundo quebrantado para que vuelva a ser un paraíso, y restaurar nuestra relación cara a cara con Él. Apocalipsis 21:4 nos dice: "Enjugará Dios toda lágrima de los ojos de ellos; y ya no habrá muerte, ni habrá más llanto, ni clamor, ni dolor; porque las primeras cosas pasaron". ¡Qué día tan glorioso será!

Eso es lo que tenemos que esperar.

Sin embargo, aún no hemos llegado a ese punto. Y mientras tanto, Dios no ha terminado de obrar en nuestras vidas. Él ve nuestro sufrimiento y dolor, y se preocupa profundamente por nosotros. Nuestro sufrimiento no carece de sentido para Él: "Y sabemos que a los que aman a Dios, todas las cosas les ayudan a bien, esto es, a los que conforme a su propósito son llamados" (Romanos 8:28). ¡Qué promesa! Dios quiere usar nuestras historias de quebrantamiento para contar la historia principal de su plan de redención. A medida que Él redime nuestras vidas del pozo y pone nuestros pies en tierra firme, nuestras cicatrices cuentan la historia de un Salvador que rescata a su pueblo. Al avanzar a través de las tormentas y aferrarnos a Cristo como nuestra fuerza, nuestras vidas se convierten en faros de esperanza para las jovencitas que nos rodean. Nuestras pruebas solo nos hacen más fuertes. Como dice Romanos 5:3-5:

> Y no solo esto, sino que también nos gloriamos en las tribulaciones, sabiendo que la tribulación produce paciencia; y la paciencia, prueba; y la prueba, esperanza; y la esperanza no avergüenza; porque el amor de Dios ha sido derramado en nuestros corazones por el Espíritu Santo que nos fue dado.

Nunca olvidaré la primera vez que hablé sobre mis abortos espontáneos en el escenario de una conferencia de Girl Defined. Mi garganta se cerró tanto que ni siquiera podía terminar las oraciones. Me quedé allí en silencio, mirando a cientos de grandes ojos que me observaban. Bethany gentilmente intervino para hablar por mí. Fue difícil. Incluso incómodo. Pero como resultado de abrir mi corazón, al terminar, docenas de mujeres jóvenes se acercaron a mí y me compartieron sus propias historias de pérdida y dolor. Pudimos conectarnos de manera profunda y alentarnos mutuamente a seguir adelante.

Dios produjo belleza a partir de las cenizas de mi pérdida. Él me estaba mostrando, un día a la vez, que Él es bueno. Su carácter es constante. Nunca cambia. Siempre es el mismo. Puedo unirme con alegría al salmista para decir: "Den gracias al Señor, porque Él es bueno; porque para siempre es Su misericordia" (Salmo 107:1, NBLA).

Amiga, no importa por lo que estés transitando en este momento, Dios se preocupa por ti y Él es bueno. *Lleva tu carga a la cruz.* Derrama tu corazón ante tu Padre amoroso y bueno, y pídele que te fortalezca para el camino que tienes por delante. Dios te ama y está trabajando en tu vida. Ahora mismo. Como lo hizo por mí, Él quiere producir belleza a partir de tus cenizas.

Todas nos sentimos tentadas a cuestionar la bondad y el carácter de Dios en medio de las pruebas y de las pérdidas, pero cuando vemos nuestras circunstancias a través de la lente del evangelio, encontramos misericordia, gracia y esperanza. Podemos tener plena confianza y seguridad de que Dios es bueno, porque Él lo *es*. Inmensamente bueno.

Reflexiona

Dios no es un Dios distante que está ajeno a las experiencias y los dolores humanos, sino un Padre íntimo, relacional y amoroso que camina con sus hijos en medio del sufrimiento.

Recuerda

* Dios no se asusta de nuestras preguntas. No se sorprende de que estemos luchando por confiar en Él.

* Dios quiere ayudarnos a depositar en Él nuestras luchas para que podamos enfrentarlas juntos.

* En lugar de ver el carácter de Dios a través de la lente de nuestras circunstancias, necesitamos ver nuestras circunstancias a través de la lente del carácter de Dios.

* No importa por lo que estés transitando en este momento, Dios se preocupa por ti y Él es bueno. Lleva tu carga a la cruz.

ABRE **TU** CORAZÓN

Querido Señor:

Te confieso que, cuando estoy pasando por momentos difíciles, me siento tentada a dudar de tu carácter. Gracias por recordarme tu gracia sublime y tu amor por medio de la cruz. Me consuela mucho que tú entiendas el sufrimiento y puedas identificarte con lo que estoy viviendo. Has experimentado dolor, rechazo y abuso, y lo hiciste por mí. ¡Gracias por la esperanza que tengo en el evangelio! Ayúdame a recordar que siempre estás trabajando detrás del telón de mi vida. Tienes un propósito para mi sufrimiento, que es mayor de lo que puedo ver: refinarme y hacerme más como Jesús. Tú eres mi Padre bueno.

Amén.

Considera

Salmo 34:1-8

Bendeciré a Jehová en todo tiempo;
Su alabanza estará de continuo en mi boca.
En Jehová se gloriará mi alma;
Lo oirán los mansos, y se alegrarán.
Engrandeced a Jehová conmigo,
Y exaltemos a una su nombre.
Busqué a Jehová, y él me oyó,
Y me libró de todos mis temores.
Los que miraron a él fueron alumbrados,
Y sus rostros no fueron avergonzados.
Este pobre clamó, y le oyó Jehová,
Y lo libró de todas sus angustias.
El ángel de Jehová acampa alrededor de los que le temen,
Y los defiende.
Gustad, y ved que es bueno Jehová;
Dichoso el hombre que confía en él.

Más
PROFUNDO

Salmo 100
Romanos 8:18-30
Santiago 1:1-15
Apocalipsis 4:7-11

HABLEMOS DE TI

1. Mirando hacia atrás en tu vida, ¿enfrentaste algún valle difícil que te haya hecho cuestionar el carácter y la bondad de Dios? ¿Qué fue lo que te pasó?

2. ¿De qué manera encuentras consuelo y esperanza en el sufrimiento al reflexionar en la vida y muerte de Jesús aquí en la tierra?

3. Al recordar los atributos de Dios que mencionamos, ¿cuál encuentras más alentador?

4. Cuando llegan los tiempos difíciles, ¿hacia qué (o quién) estás tentada a correr para encontrar fortaleza, en lugar de Cristo? (Por ejemplo: tu cónyuge, una amiga, comida, entretenimiento, ocupaciones, etc.).

5. ¿Cómo has visto a Dios usar tus pruebas para fortalecer tu fe en Él?

¡En **ACCIÓN!** Toma tu diario o un pedazo de papel. Ahora regresa a los atributos de Dios que enumeramos cerca del final de este capítulo. Dedica un tiempo para escribir cada uno, junto con una breve oración de agradecimiento por esa cualidad de carácter específica. No te apresures a hacerlo. Meditar en el carácter fiel de Dios traerá mucha paz y esperanza a tu corazón.

Den gracias al Señor, porque Él es bueno.

Salmo 107:1 (NBLA)

capítulo 6

Buenos días, emociones descontroladas

Había una vez dos niñas que lloraban por un hámster y una aspiradora. Sí, un hámster y una aspiradora. Bienvenidos a nuestra infancia. Nosotras (Kristen y Bethany) lloramos desesperadamente ese día en particular. Esto es lo que sucedió.

Esta situación tuvo lugar durante nuestra preadolescencia. Todo comenzó cuando nuestra familia compró un par de hámsteres como mascotas. A las dos nos encantaban esos hámsteres. Los alimentamos, jugamos con ellos, los cuidamos y tratamos de darles vidas felices de hámster. En pocas palabras, nuestros hámsteres se enamoraron y tuvieron bastantes bebés. Esos bebés crecieron y tuvieron algunos bebés más. Lo que comenzó con dos hámsteres se multiplicó rápidamente en una docena de ellos.

Las cosas se estaban descontrolando. Después de mucha deliberación y discusión, nuestros padres decidieron acabar con la granja de hámsteres. Hicieron todo lo posible para encontrar nuevos hogares para los pequeños animalitos y los enviaron a continuar sus felices vidas de hámsteres a otra parte.

Las que no quedamos felices fuimos nosotras. Nos rompieron el corazón.

Nuestras lágrimas no dejaban de brotar. Llorábamos y llorábamos sin consuelo. Nuestras pequeñas almas preadolescentes estaban perdiendo rápidamente el control de nuestras ya frágiles emociones. La noche continuó, y nosotras llorábamos por todo. Literalmente, *por todo*. Estábamos emocionalmente destrozadas por haber perdido a nuestras pequeñas mascotas, y las cosas seguían empeorando. Después de horas de llorar en la sala de estar, yo (Kristen) me volví hacia Bethany con los ojos manchados por las lágrimas y de la nada le dije:

—Me siento tan mal por la aspiradora. Trabaja muy duro y nadie la aprecia. Solo la usan y la dejan en una esquina. Incluso, en ocasiones, la gente hasta la patea si no está funcionando bien. ¡Pobre aspiradora!

Bethany me miró con lágrimas rodando por sus mejillas y me dijo:

—¡Tienes razón! ¡Nadie aprecia a la aspiradora! ¡Qué triste! Olvídate de National Geographic. Prepárate para el *reality show*.

Ambas pasamos los siguientes minutos literalmente llorando por nuestra fiel y vieja aspiradora familiar. Estoy casi segura de que nuestros hermanos pensaron que sus hermanas mayores se habían vuelto locas. Y para ser honesta, eso parecía. Llorar por los hámsteres es una cosa, pero llorar por una aspiradora es un nivel completamente nuevo de locura. Hámsteres. Aspiradoras. Hormonas. Lágrimas. Drama. Emociones descontroladas. ¡Y ni siquiera éramos adolescentes todavía!

Cuando las emociones toman el control

Sabemos que no estamos solas en esto. Si profundizaras en tus historias de la infancia en este momento, estoy segura de que podrías recordar algunos divertidos festivales de llanto propios. Sin embargo, seamos realistas. No necesitamos indagar en nuestra infancia para encontrar estas historias, ¿verdad? Las lágrimas de niña se convierten en lágrimas de adolescente. Y las lágrimas de adolescente se convierten en lágrimas de mujer. Y si eres una de las raras mujeres que nunca llora, esto no significa que te salves de las consecuencias. Todas tenemos emociones y sentimientos fuertes; aunque los expresemos de manera diferente (es decir, algunas se contienen, y otras simplemente explotan, ¿verdad?).

> Dios nos creó como seres *emocionales*. Las emociones nos ayudan a sentir, profundamente, sobre las cosas que *importan*.

Existen todo tipo de emociones. Y no son algo malo. Dios nos creó como seres emocionales. Las emociones nos ayudan a sentir, profundamente, sobre las cosas que importan. Reírnos de algo gracioso. Llorar cuando atravesamos una pérdida. Conectarnos con las personas de una manera íntima. Las emociones son una fuerza poderosa. Tienen la capacidad de llevarnos a la más alta de las cimas y al más bajo de los valles. Desde la mayor de las alegrías hasta la más profunda de las tristezas. Son extremadamente influyentes en nuestras vidas. Tristemente, desde la caída (lee Génesis 3), el pecado ha afectado enormemente nuestras emociones. Por lo tanto, lo que sentimos no siempre es lo correcto ni lo verdadero. Levanta la mano si alguna vez has tomado una decisión tonta en medio de emociones candentes, para luego arrepentirte tres segundos después. Sí, dale, levanta ambas manos si es necesario. ¡Yo también me confieso culpable!

Este lado menos hermoso de nuestras emociones es fuerte y puede gobernarnos fácilmente si no tenemos cuidado. Es allí donde nuestras emociones se descontrolan. Es entonces cuando nos convertimos en jovencitas que son impulsadas por sus *sentimientos*, en lugar de por lo que es verdad. Comenzamos a ver nuestras circunstancias a través de la lente de nuestras *emociones* en lugar de la Palabra de Dios.

Actualmente, ¿con qué estás luchando en lo referido a tus emociones y sentimientos?

Tal vez luches con la ira y suelas gritarles a tus padres o esposo cuando estás molesta.

Tal vez luches con la depresión al no recibir atención de cierto tipo.

Tal vez te encuentres constantemente irritada con un determinado miembro de la familia o amigo, y se te agote la paciencia.

Tal vez te sientas atrapada en un pozo de tristeza y no sepas cómo salir de allí.

Tal vez hayas sido herida por las decisiones pecaminosas de otra persona y estés luchando para procesar tu dolor. Tal vez internamente luches con mucho miedo sobre tu futuro. Tal vez estés atravesando el luto por una pérdida, y luchando por un poco de esperanza. O tal vez tus lágrimas parezcan brotar sin previo aviso ante la menor situación.

Las emociones son una parte hermosa y desafiante de la vida. Entonces, ¿cómo lidiamos con esos altibajos concretos de nuestros sentimientos? ¿Cómo caminamos en la verdad cuando todo dentro de nosotras nos impulsa a ir en la dirección opuesta? ¿Cómo elegimos responder amablemente cuando las personas nos lastiman? ¿Cómo lloramos una pérdida palpable, mientras procuramos encontrar nuestra esperanza suprema en Cristo? ¿Cómo encontramos gozo cuando estamos llenas de insensibilidad?

Uno de nuestros lugares favoritos de la Biblia para obtener ayuda con nuestras emociones es el libro de Salmos. David es el autor de muchos de los salmos y es un hombre apasionado. Es crudo y franco sobre cómo se siente. Una y otra vez, derrama su corazón revelando los altibajos de sus sentimientos. Experimentó mucho de lo que estamos sintiendo hoy. Echa un vistazo a estos versículos:

Me he consumido a fuerza de gemir;
Todas las noches inundo de llanto mi lecho,
Riego mi cama con mis lágrimas.
Mis ojos están gastados de sufrir;

Se han envejecido a causa de todos mis angustiadores
(Salmo 6:6-7).

Con mi voz clamaré a Jehová;
Con mi voz pediré a Jehová misericordia.
Delante de él expondré mi queja;
Delante de él manifestaré mi angustia
(Salmo 142:1-2).

¡Oh Jehová, cuánto se han multiplicado mis
adversarios!
Muchos son los que se levantan contra mí.
Muchos son los que dicen de mí:
No hay para él salvación en Dios.
Mas tú, Jehová, eres escudo alrededor de mí;
Mi gloria, y el que levanta mi cabeza.
Con mi voz clamé a Jehová,
Y él me respondió desde su monte santo
(Salmo 3:1-4).

¡Esto sí es transparencia! Es como si David nos estuviera
dando un vistazo dentro de su diario íntimo. No duda en
presentarle apasionadamente sus sentimientos, pensamientos y cargas al Señor. Es reconfortante saber que era un ser
humano normal y corriente como nosotras. Sin embargo,
nota que no esconde sus emociones debajo de la alfombra ni
finge que no existen. Tampoco las ventila para desahogarse.
Él lleva sus sentimientos a Dios. Él derrama su corazón ante
su Creador.

Eso es exactamente lo que Dios quiere que hagamos con
nuestros sentimientos.

La señorita lagrimones y la roca

Me identifico totalmente (Kristen) con las expresiones desmesuradas de David en cuanto a sus sentimientos, porque también tiendo a ser una persona emocional y apasionada. Cuando llegué a mi adolescencia, me gradué a un nuevo nivel de drama emocional. Ya no lloraba por hámsteres y aspiradoras, pero lloraba por muchas otras cosas. Bethany comenzó a expresar sus emociones sin tantas lágrimas, pero yo me convertí en la auténtica señorita lagrimones. Las dos nos ganamos un nuevo apodo cada una, de parte de nuestros hermanos. A Bethany le decían: "la roca" (ya que rara vez lloraba), y a mí me llamaban "la señorita lagrimones" (sin necesidad de explicación). Si estaba involucrada en un conflicto, las lágrimas eran una garantía. Al pasar el tiempo, la señorita lagrimones me acompañó hasta el matrimonio. ¿Verdad, Zack?

Varios años después de casarme, me di cuenta de lo fuera de control que estaban mis emociones. Me ofendía fácilmente, asumía lo peor y lloraba por pequeños conflictos. Comencé a orar a Dios, pidiéndole que me ayudara a tener control sobre mis descontroladas emociones. *Querido Dios: ¿puedes ayudarme a cerrar la boca y la llave del agua? ¡Por favor!*

Pasaron varias semanas y no noté muchos cambios. Luego, unos días más tarde, escuché a un orador en una conferencia cristiana decir algo que cambió mi vida para siempre. Estaban hablando sobre las emociones (por supuesto que asistí a ese taller), y dijeron algo así como: Tus emociones se alimentan directamente de lo que piensas.

¡¿Qué?!

¿Mis emociones se alimentan de lo que pienso?

¡Bingo! Había estado orando por lo incorrecto todo el tiempo. En lugar de pedirle a Dios que me ayudara a controlar mis emociones alocadas, necesitaba que Él me ayudara a controlar mi *pensamiento desquiciado*. Eso tenía mucho más sentido para mí. Aprendí que las emociones no surgen de la nada, sino que son una respuesta a lo que estamos *pensando*. Por eso la Biblia habla tanto sobre nuestras mentes; acerca de meditar en la verdad (*meditar* es solo una palabra elegante para pensar en algo una y otra vez). Todas estamos meditando en algo. Por eso Efesios 4:23 nos llama a ser renovadas en el espíritu de nuestras mentes. En lugar de permitir que nuestras emociones (buenas o malas) dirijan nuestras vidas, necesitamos intervenir y redirigir nuestras emociones hacia la verdad de Dios.

En los salmos, vemos a David repetir este patrón una y otra vez. A la vez que derrama su corazón a Dios con angustia genuina, lleva las cosas un paso más allá. No se detiene en un lugar de desesperanza y dice: "Esto es demasiado difícil y estoy acabado", sino que intencionalmente recuerda la verdad de Dios. Leamos nuevamente el Salmo 3:1-4:

> ¡Oh Jehová, cuánto se han multiplicado mis
> adversarios!
> Muchos son los que se levantan contra mí.
> Muchos son los que dicen de mí:
> No hay para él salvación en Dios.
>
> *Mas tú, Jehová, eres escudo alrededor de mí;*
> Mi gloria, y el que levanta mi cabeza.
> Con mi voz clamé a Jehová,
> Y él me respondió desde su monte santo (cursivas
> añadidas).

¿Viste lo que hizo allí? Apasionadamente (y sinceramente) derramó sus temores ante el Señor diciendo: "Muchos son los que se levantan contra mí". Pero luego cambió de tema e introdujo a Dios en la escena. "Mas tú, Jehová, eres escudo alrededor de mí". David se enfrentaba a un peligro real, y probablemente aterrador. Pero en medio de sus temores, le recordó a su corazón que mirara a Dios. Él eligió guiar sus emociones hacia la verdad de Dios.

Otro pasaje que ilustra vívidamente la necesidad de guiar tus emociones a la verdad es Lamentaciones 3:17-18:

> Y mi alma se alejó de la paz, me olvidé del bien,
> Y dije: Perecieron mis fuerzas, y mi esperanza en
> Jehová.

El escritor está claramente abrumado por la tristeza. Hay una sensación de cansancio y desesperanza. Pero mira lo que sucede a continuación. ¡Es increíble!

> Esto recapacitaré en mi corazón, *por lo tanto esperaré*.
> Por la misericordia de Jehová no hemos sido
> consumidos,
> porque nunca decayeron sus misericordias.
> Nuevas son cada mañana; grande es tu fidelidad.
> Mi porción es Jehová, dijo mi alma; por tanto, en él
> esperaré.
> Bueno es Jehová a los que en él esperan, al alma que
> le busca (vv. 21-25, cursivas añadidas).

"Esto recapacitaré en mi corazón, por lo tanto esperaré". Esa es la clave. Justo ahí. Recordar el amor constante de

Dios… y luego volver a encontrar esperanza. ¡Es increíble! No significa que las circunstancias se vuelvan automáticamente más fáciles, pero el corazón ya no está desesperado.

Nuestras emociones no siempre reflejan la *verdad* de Dios.

Contamos con nuevas fuerzas para los desafíos que tenemos por delante.

Ese es el poder de guiar nuestros corazones con la verdad en cada área de nuestras vidas. Ya sea que se trate de relaciones familiares, citas, elecciones de vida, amistades, trabajo, ministerio, angustia, ira, celos, dolor o algo más, nuestras emociones juegan un papel muy importante. Pero no se puede confiar en que nuestras emociones nos guíen hacia la verdad, por lo que es crucial que seamos nosotras quienes guiemos nuestros sentimientos con la verdad de Dios.

Nuestra buena amiga Erin Davis lo explica de esta manera:

Puedes sentir que nadie te ama cuando, en realidad, hay docenas de personas en tu vida que se preocupan profundamente por ti. Las circunstancias difíciles pueden hacer que sientas que Dios te ha abandonado, cuando su Palabra promete que nunca te dejará ni te abandonará (Deuteronomio 31:6). Incluso puedes *sentir* que un desafío que enfrentas es imposible de superar, a pesar de que la Palabra de Dios promete que puedes hacer todas las cosas en Cristo que te fortalece (Filipenses 4:13). El asunto es que nuestras emociones no siempre reflejan la verdad de Dios.[5]

5. Erin Davis, "10 Powerful Truths to Counteract Deceptive Emotions", *Lies Young Women Believe* (blog), 3 de febrero de 2009, https://liesyoungwomenbelieve.com/10-powerful-truths-to-counteract-deceptive-emotions/.

Exactamente. *Nuestras emociones no siempre reflejan la verdad de Dios.* Por eso es tan importante recordar intencionalmente lo que es verdad, para que podamos dirigir nuestros sentimientos en la dirección correcta.

Dirige tus emociones con la verdad

Cuando yo (Bethany) era más joven, entré en un restaurante, y la anfitriona detrás del mostrador me miró y exclamó en voz alta: "¡Guau! ¡Eres increíblemente alta!". Sí, soy alta para una chica (1,85 metros), pero a nadie le gusta que la consideren como un espécimen raro; especialmente si es una desconocida y en público.

Sin embargo, en ese momento tuve que tomar una decisión. ¿Cómo procesaría esta declaración? Si elegía creer la mentira de que mi altura me convertía en alguien extraño, mis emociones me seguirían el juego para luego dejarme destrozada por la inseguridad e inconforme con mi altura. Pero si elegía rechazar la mentira y creer en la verdad (es decir, soy una creación asombrosa y maravillosa de Dios para glorificarlo, y mi altura es una parte hermosa del diseño de Dios para mi cuerpo; véase Salmo 139:13-17), entonces mis emociones se alinearían con ello y podría descansar confiadamente en el diseño de mi Creador. Felizmente, en ese momento Dios me ayudó a creer la verdad y rechazar la mentira. Por su gracia, me abstuve de llamarla "increíblemente baja" y seguí mi camino con una sonrisa.

Veamos otros escenarios de la vida real en que podrías dirigir tus emociones con la verdad.

Imagina que estás acostada en tu cama por la noche cuando, de repente, sientes una abrumadora sensación de tristeza que se apodera de ti. Te sientes sola y no querida. Te sientes ignorada y descartada. Tus emociones comienzan a caer en espiral. Rápidamente, tomas tu Biblia y te vuelves al libro de Salmos. Lees este versículo: "Porque tú, oh Señor Jehová, eres mi esperanza, seguridad mía desde mi juventud" (Salmo 71:5). Comienzas a orar y a agradecerle a Dios por ser tu verdadera esperanza. Continúas agradeciéndole por tantas bendiciones (pequeñas y grandes), como se te ocurren. Alabas a Dios por su carácter. Por su amor. Por su bondad. Por su fidelidad. Y antes de que te des cuenta, tu corazón está un poco más animado y un poco más lleno de esperanza. Y recuerdas lo mucho que Dios te ama.

Exactamente eso es dirigir tus emociones con la verdad.

¿Qué tal este ejemplo?

Imagina que estás saliendo con tus amigos y alguien hace una broma sarcástica sobre que tu atuendo es feo. En el interior, te sientes herida y ofendida. *¿Por qué dirían eso?* Quieres vengarte… darles una muestra de su propia medicina. Pero en lugar de permitir que tus emociones enojadas determinen tu decisión, recuerdas los famosos versículos que dicen: "El amor es sufrido, es benigno; el amor no tiene envidia, el amor no es jactancioso, no se envanece; no hace nada indebido, no busca lo suyo, no se irrita, no guarda rencor" (1 Corintios 13:4-5). Haces una oración rápida pidiéndole a Dios que te ayude a mostrar bondad en ese momento. Y luego, en lugar de responder con un comentario sarcástico, eliges responder con gracia y amabilidad.

Exactamente eso es dirigir tus emociones con la verdad.

¿O qué de las heridas pasadas que parecen resurgir y susurrar mentiras a tu corazón? Divorcio. Abuso. Abandono. Trauma. Sientes una profunda sensación de dolor, y con razón. Es natural estar afligida por el quebrantamiento y el pecado. Pero estos horribles recuerdos tienden a inundar tu mente y decirte que nadie te podrá amar, que no vales nada, que no eres digna de la redención. En tu dolor emocional, estas mentiras parecen convincentes. Pero en lugar de permitir que la oscuridad te ensombrezca, le recuerdas a tu corazón cuánto se interesa Dios por ti. En tu angustia, lees el Salmo 139:13-14, 17-18, que dice:

> Porque tú formaste mis entrañas;
> Tú me hiciste en el vientre de mi madre.
> Te alabaré; porque formidables, maravillosas son tus
> obras;
> Estoy maravillado,
> Y mi alma lo sabe muy bien...
> ¡Cuán preciosos me son, oh Dios, tus pensamientos!
> ¡Cuán grande es la suma de ellos!
> Si los enumero, se multiplican más que la arena;
> Despierto, y aún estoy contigo.

Permites que la Palabra de Dios diga la verdad sobre esas mentiras, lo que trae esperanza a tu corazón. A medida que procesas el dolor, las Escrituras te recuerdan que Dios te ama profundamente y que eres preciosa para Él. Afrontas la aflicción desde la esperanza.

No obstante, permítenos un breve momento para señalar lo siguiente: si has experimentado alguna forma de abuso o trauma a manos de otra persona, te imploramos que busques ayuda. No camines sola en este viaje. Busca la ayuda de un consejero profesional cristiano o un mentor piadoso que pueda ayudarte a navegar este proceso hacia la restauración.

Y si has tenido pensamientos suicidas, llama a una de las líneas directas de prevención del suicidio en este momento (puedes encontrarlas en línea). Hermana, tu vida es valiosa. ¡No te rindas!

Nosotras dos hemos visto el poder de Dios obrar en nuestras vidas y corazones al aplicar su verdad a nuestras emociones. Además, nos complace informarte que ya no lloramos por las aspiradoras ni los hámsteres. Nuestros esposos también están agradecidos por eso. Sin embargo, nuestros apodos de la infancia, de alguna manera, nos siguieron hasta la edad adulta. La señorita lagrimones y la roca todavía siguen vigentes. Hasta el día de hoy, como mujeres, expresamos nuestras emociones de manera diferente. Y eso está bien. Estamos agradecidas de que Dios vea más allá de nuestra montaña rusa de cambios de humor y nos ayude a dirigir nuestras emociones con su verdad. Todavía tenemos un largo camino por recorrer, pero nos alienta ver el progreso.

Y para que conste, nunca volveremos a comprar hámsteres. Por muy lindos que sean, no estamos interesadas en revivir ese drama. La reproducción de hámsteres no es realmente lo nuestro.

Reflexiona

> Filtrar tus emociones con la verdad no significa que ignores tus sentimientos; significa que involucras a Dios en tus sentimientos.

Recuerda

* ✴ Dios nos creó con emociones, y Él tiene un buen plan sobre cómo podemos procesarlas de la manera correcta.
* ✴ Nuestras emociones no siempre reflejan la verdad de Dios.
* ✴ En lugar de ser guiadas por nuestras emociones, Dios quiere ayudarnos a dirigir nuestras emociones con su verdad.
* ✴ Lo que elegimos pensar y creer alimentará cómo nos sentimos.
* ✴ Las emociones tienen su lugar legítimo y bueno en nuestras vidas, pero siempre deberían ser conducidas por la voluntad de Dios.

ABRE TU CORAZÓN

Querido Señor:

Gracias por crearme con emociones. Estoy agradecida por la capacidad de sentir profundamente, de amar a los demás íntimamente, de reír con alegría y de llorar durante los tiempos difíciles. Estas emociones son un regalo tuyo, y te alabo por ellas. ¡Gracias por escuchar mis oraciones y permitirme derramar mi corazón delante de ti! En mi vida, sé que mis emociones pueden apoderarse de mí y llevarme por el camino equivocado. Sé que mi corazón tiende a permanecer en las cosas incorrectas y creer las mentiras en lugar de tu verdad. Ayúdame a llevar mis pensamientos cautivos a la obediencia de Cristo y a dirigir mis emociones con tu Palabra. Ayúdame a encontrar mi identidad y esperanza supremas en ti.

Amén.

Considera

Salmo 42:1-5

Como el ciervo brama por las corrientes de las aguas,
Así clama por ti, oh Dios, el alma mía.
Mi alma tiene sed de Dios, del Dios vivo;
¿Cuándo vendré, y me presentaré delante de Dios?
Fueron mis lágrimas mi pan de día y de noche,
Mientras me dicen todos los días: ¿Dónde está tu Dios?
Me acuerdo de estas cosas, y derramo mi alma dentro de mí;
De cómo yo fui con la multitud, y la conduje hasta la casa
    de Dios,
Entre voces de alegría y de alabanza del pueblo en fiesta.
¿Por qué te abates, oh alma mía,
Y te turbas dentro de mí?
Espera en Dios; porque aún he de alabarle,
Salvación mía y Dios mío.

$\mathcal{M}ás$
PROFUNDO | Proverbios 4:23
Romanos 12:2
Filipenses 2:1-11

HABLEMOS DE TI

1. ¿Recuerdas un momento divertido de tu infancia en que "lloraste a mares"?

2. ¿Tiendes a expresar tus emociones externamente (explotar) o internamente (guardar)? ¿Por qué?

3. ¿Recuerdas alguna oportunidad en que tus emociones hayan sido impulsadas directamente por tus pensamientos?

4. ¿Qué puedes aprender de la forma en que David derramaba su corazón ante Dios en los salmos?

5. Al enfrentar una temporada en la que tus sentimientos te conducen a la tristeza, ¿qué pasos puedes tomar inmediatamente para buscar ayuda?

6. ¿Cómo podrías mejorar en cuanto a aplicar la verdad de Dios al mundo de tus sentimientos?

¡En ACCIÓN!

Aquí hay un ejercicio divertido y práctico para ayudarte a llevar cautivos tus pensamientos equivocados. Toma tres notas adhesivas o pequeños trozos de papel. A continuación, escribe en cada nota la pregunta: "¿En qué estoy pensando?". Luego coloca cada una de esas notas a la altura de tu mirada en lugares que frecuentes mucho (por ejemplo, en el espejo del baño, sobre la cabecera de tu cama, al lado de tu computadora, etc.). Durante la próxima semana, cada vez que comiences a sentirte emocionalmente afectada por algo, mira esa nota y pregúntate: "¿En qué estoy pensando?". Si tus pensamientos van por el camino equivocado, haz una pausa y ora en ese momento, pídele a Dios que te ayude a pensar en lo que es verdad.

¿Por qué te
abates, oh
alma mía, y por
qué te turbas
dentro de mí?
Espera en Dios;
porque aún he
de alabarle,
Salvación mía y
Dios mío.

Salmo 42:11

capítulo 7

Confía en quien
conoce el mañana

L as dos nos sentamos a una mesa en el patio trasero
de nuestra cafetería local favorita de San Antonio, con
nuestras tazas de café con chocolate en la mano. (Sí, el
regreso de las locas del café con chocolate. Lee nuestro libro
La sexualidad definida por Dios para ver esa historia completa).
Kristen me miró y expresó en voz alta lo que ambas habíamos
estado pensando en las últimas semanas.

"¿Vamos a hacer esto o no? Es ahora o nunca. Yo estoy
casada, pero no tengo hijos, y tú estás soltera. Probablemente,
no vayamos a estar tan libres más adelante. ¿Qué piensas?".

En lo profundo de mi corazón, sabía que este era el
momento indicado. O nos jugábamos el todo a lanzar un
ministerio juntas o nos olvidábamos de nuestro sueño, y
a otra cosa. Tuve que admitir que parecía ser el momento

justo. Kristen se había casado hacía unos años, pero aún no tenía hijos. Y yo todavía estaba bien soltera. Sonaba lógico que usáramos esta temporada inusualmente disponible de nuestras vidas para alentar y guiar a tantas jovencitas como fuera posible.

"Creo que tienes razón —le dije—. Es ahora o nunca. Siento que Dios nos tiene en esta temporada única por una razón. Tal vez Él nos ha mantenido libres de otras responsabilidades para que podamos dedicar nuestro tiempo a comenzar un ministerio".

Y eso fue todo.

Lanzamos el ministerio de Girl Defined.

Alrededor del 2014.

Nada grande. Nada extravagante. Solo dos hermanas tratando de usar su tiempo sabiamente para alentar a las mujeres jóvenes en este mundo loco al que llamamos nuestro hogar. Lo que comenzó como una decisión de ahora o nunca en aquella cafetería, se convirtió en el hermoso trabajo que se volvería una parte integral de nuestras vidas. A partir de ese momento, ambas dedicamos horas de nuestro tiempo al lanzamiento de un sitio web (www.GirlDefined.com), escribimos publicaciones de blog, filmamos videos, creamos publicaciones en redes sociales y mucho más.

Ni nos imaginábamos que tendríamos la oportunidad de escribir varios libros, ni que este hermoso ejemplar sería ya nuestro quinto escrito. Además, tendríamos la oportunidad de, literalmente, viajar por el mundo juntas compartiendo con nuestras hermanas sobre el increíble diseño de Dios para la feminidad. ¡Qué aventura! Y aún no ha terminado.

Confianza en el pintor

Bien, ahora remóntate con nosotras a unos pocos años antes de que el ministerio de Girl Defined llegara a existir. Era el año 2011, y como ya sabes, ese fue el año en que Kristen se casó con su marido, Zack. Y ese fue el año en que compré ese vestido de novia que todavía está colgado al fondo de mi armario. En ese momento, ambas asumimos que Dios nos concedería los buenos y, francamente, bíblicos deseos de nuestros corazones (es decir, esposos piadosos y casas llenas de niños adorables). Pero no nos imaginábamos que la ausencia de esas cosas "buenas" llegara a convertirse en la razón por la que pudimos comenzar Girl Defined.

Dios sabía lo que estaba haciendo.

Sí, sabíamos que podíamos confiar en Dios, pero no teníamos idea de a dónde nos estaba llevando. ¿Alguna vez te has sentido así? Ese es un lugar incómodo. No tener idea de a dónde Dios te está llevando, y luchar por confiar en que Él es el pintor, ve la imagen completa y te llevará exactamente a donde Él quiere que vayas. Es mucho más fácil decirlo que hacerlo. Es muy difícil entregarle el pincel a Dios y permitirle pintar la imagen que Él tiene en mente para tu vida. Para nosotras esta ha sido una batalla continua. Hemos querido agarrar el pincel y comenzar a pintar el cuadro que nosotras habíamos soñado para nuestras vidas. La linda casita. La cerca blanca. El marido soñado. Los dulces niños (que nunca pelean, discuten ni hacen lío, por supuesto). Solo lo básico. Nada demasiado pretencioso.

Dios tenía un programa diferente.

Confiar en Dios se convirtió en un asunto constante para nosotras al dirigir Girl Defined. Yo (Bethany) recuerdo un caso que resultó particularmente difícil para mí. Kristen y yo estábamos trabajando en nuestro primer libro: *Una chica definida por Dios*. Fue una semana dura para escribir. Permíteme admitir que escribir no es fácil para mí. Y no estoy bromeando. Cada palabra de ese libro implicó un serio trabajo de amor. ¡Plasmar las palabras en papel (incluso las de este libro) es horriblemente difícil para mí!

Durante esa desafiante temporada de escritura, recuerdo que el apoyo amoroso de Zack animaba el espíritu de Kristen. Yo consideraba que, simplemente, no era justo. Ella podía terminar un día intenso de escritura y contar con la comprensión amorosa de su esposo para alentarla. Yo no tenía eso. Terminaba un largo día de escritura y nadie me esperaba en casa. Sí, tenía a mi familia inmediata. Pero no tenía a *esa* persona. La persona que tendría un interés especial en mi vida y se preocuparía profundamente por los detalles específicos de lo que había vivido. La persona en cuyo hombro podría llorar. Mi guerrero de oración. Mi compañero de equipo. Tenía a mi perro Fluffy que era genial. Pero no tenía un hombre. Un amor verdadero.

> Dios es el pintor y Él tiene la *imagen* final en mente.

En esos momentos de lucha, clamé a Dios y le pedí que obrara en mi corazón para ayudarme a confiar en Él.

Estoy segura de que tienes tus propios momentos en que "luchas por confiar en Dios". Temporadas en las que miras el camino frente a ti y deseas que se vea diferente. Momentos en los que miras a tu lado y deseas tener a alguien con quien compartir la vida. Ocasiones en las que, simplemente, no puedes sentir la presencia de Dios y deseas que Él se haga más evidente en tu vida.

Por difíciles que puedan ser esos momentos, la respuesta sigue siendo la misma. Dios es el pintor y Él tiene la imagen final en mente. Él sabe dónde estarán los valles y dónde estarán los momentos de la cima de la montaña. Él sabe que la obra maestra final será más hermosa si le confiamos el pincel. Entonces, ¿cómo confiamos exactamente en Él con cada trazo de nuestra historia de vida? Hay un breve pasaje que se encuentra en Proverbios 3, que se ha convertido en un ancla en mi vida. Literalmente, ha sido mi roca y versículo clave. Veámoslo juntas:

> Fíate de Jehová de todo tu corazón,
> Y no te apoyes en tu propia prudencia.
> Reconócelo en todos tus caminos,
> Y él enderezará tus veredas (vv. 5-6).

Profundicemos un poco más en cada línea.

"Fíate de Jehová de todo tu corazón"

Dios no quiere parte de nuestro corazón. No quiere las desagradables sobras que se están pudriendo en la esquina posterior izquierda del refrigerador. No quiere la parte que es más fácil de dar. Eso no es lo que dice este versículo. Este versículo deja muy en claro que Él lo quiere todo. Quiere la rendición total. ¿Por qué es tan fácil dar todo nuestro corazón a otras cosas (chicos, trabajo, amigos o un programa de televisión), pero tan difícil dárselo totalmente a Dios? Ojalá fuera al revés. ¿No es así? Al confiar en el Señor con todo tu corazón, estás admitiendo humildemente que sus caminos son mejores. Que Dios es más sabio. Que su carácter es perfectamente bueno y amoroso (y sabemos que lo es). Que sería una tontería confiar en nuestra propia sabiduría finita en lugar de confiar en nuestro poderoso Creador. Confiar en el Señor con todo tu corazón es un acto de humildad. Es reconocer cuán grande es Dios y cuán pequeñas somos en comparación.

"Y no te apoyes en tu propia prudencia"
Esa parte del versículo muestra el gran contraste. Debemos confiar en el Señor con todo nuestro corazón y no apoyarnos en nuestro propio entendimiento. ¿Por qué? Porque nuestra comprensión es increíblemente limitada. Tenemos una visión diminuta de la vida, de este mundo, y solo mera especulación sobre el futuro. Dios lo ve y lo sabe todo. Él sabe dónde hemos estado y hacia dónde vamos. Apoyarnos en nuestra propia prudencia sería como tomar el pincel de Leonardo da Vinci y pedirle que se haga a un lado. ¡Caramba! ¿No sería algo tonto y estúpido? ¡Sería una locura! Algo totalmente descabellado. Sin embargo, eso es lo que tratamos de hacer con Dios. No apoyarte en tu propio entendimiento es reconocer que Dios es el pintor, el artista, y tú no lo eres. Es dejar que Él pinte el retrato de tu vida.

"Reconócelo en todos tus caminos"
Esto significa reconocer a Dios en las cosas pequeñas y en las grandes. Es decirle: *Realmente, me encantaría que esta relación con este muchacho funcionara. Parece tan increíble, y creo que haríamos una pareja estupenda. A pesar de que quiero esto, abro mis manos y te lo entrego a ti. Por favor, dame sabiduría. Por favor, ayúdame a escuchar. Por favor, saca a la luz cualquier cosa en nuestra relación que no sea íntegra o que no sea beneficiosa para él o para mí. Por favor, acaba con esta relación si no es tu plan para mí. Confío en ti. Quiero*

tu voluntad. Reconocer a Dios es aceptar lo que Él quiere a largo plazo, no solo lo que tú quieres en este momento. Es estar dispuesta a seguirlo por un camino diferente al que habías imaginado para tu vida, si Él así lo prefiere. Reconocer a Dios es, simplemente, vivir una vida rendida a Él un día a la vez.

"Y él enderezará tus veredas"

Esto es hermoso. Dios promete que Él dirigirá tus caminos si haces las cosas anteriores que ha enumerado. Él te guiará, y lo hará paso a paso. Un momento a la vez. Un día a la vez. Si confías en Él con todo tu corazón, no te apoyas en tu propia prudencia y lo reconoces en todos tus caminos, prepárate porque Él dirigirá absolutamente todos tus caminos. No siempre los dirigirá a donde tú quieres que los dirija, pero siempre los dirigirá donde Él sabe que es mejor. Imagina a un niño pequeño que está empezando a caminar. Los niños pequeños necesitan mucha orientación y ayuda para cada próximo paso. Si se les deja solos, lo más probable es que terminen lastimados o en algún lugar en el que realmente no quieran estar. Somos como ese niño pequeño. Necesitamos la guía de Dios para cada paso del camino. En esos momentos en los que estás luchando y quieres seguir tu propio camino, respira profundo y recuérdate a ti misma que debes confiar en Él con todo tu corazón.

Confiar es difícil

Amiga, lo entendemos. Entendemos lo difícil que es poner en práctica todo este asunto de la confianza. Cuando la vida es un caos, es difícil confiar. Cuando pensabas que Dios estaba haciendo una cosa, y Él cierra esa puerta y te lleva en una dirección diferente, es difícil confiar. Cuando sucede algo que está totalmente fuera de tu control y no puedes solucionarlo, es difícil confiar. Cuando quieres desesperadamente que Dios intervenga por ti de cierta manera y Él no lo hace, es difícil confiar.

Si confiar en Dios fuera fácil, todos lo estaríamos haciendo. Sin embargo, no lo es. Para poder lograrlo, cada una de nosotras necesita la asombrosa gracia de Dios y el poder del Espíritu Santo que obra dentro de nosotras. Necesitamos su ayuda. Necesitamos su gracia. Necesitamos su fuerza.

Cuando las dos estábamos sentadas en la cafetería ese día, no teníamos idea de hacia dónde Dios iba a dirigir nuestros pasos. Para ser sinceras, estábamos un poco asustadas. Está bien, muy asustadas. Da un miedo terrible entregarle el pincel a Dios. A pesar de que sabes que Él es bueno, aun así, te da miedo. No sabíamos si Él nos concedería nuestros sueños personales de un matrimonio e hijos. No sabíamos hasta dónde llegaría esta cosa del ministerio. No teníamos ni idea. Simplemente, sabíamos que Dios nos estaba llamando a confiar en Él con todo nuestro corazón, a no apoyarnos en nuestro propio entendimiento, a reconocerlo en todos nuestros caminos y a creer que Él dirigiría nuestros pasos. No estábamos seguras de si nos gustaría a dónde nos llevaría, pero sabíamos que su plan era y es mucho mejor de lo que el nuestro pudiera ser. No sabíamos lo que nos deparaba el futuro, pero conocíamos a Aquel que se encargaba de nuestro futuro.

¿Alguna vez has estado en uno de esos talleres de pintura con un grupo de amigos? Sabes a qué me refiero, ¿verdad? A esos lugares donde cada persona obtiene su propio caballete y lienzo, y el instructor los guía en cada paso del camino. Kristen y yo fuimos a uno de ellos hace unos años. Fue muy humillante. La maestra tuvo que hacer unos cuantos viajes hasta mi lienzo para darme consejos. Comprendí lo que estaba insinuando. Mi pintura era horrible. No soy una artista. La pintura y yo definitivamente no nos llevamos bien. Mi obra de arte parecía de un niño de tres años que se había escapado con un paquete de marcadores y crayones. Tiré ese lienzo en el momento en que llegué a casa. No quería que ninguno de mis amigos viera ese desastre.

En definitiva, fue un buen recordatorio de que yo no era la maestra ni la artista. Puedo intentar recrear la obra maestra, pero nunca cumplirá las expectativas.

Hasta el día de hoy, Kristen y yo todavía estamos en el proceso de aprender a confiar en Dios. Es posible que tú también. Como tantas mujeres con las que hemos hablado, todavía tenemos deseos insatisfechos. Todavía tenemos oraciones que nos encantaría que Dios respondiera de la manera en que queremos que Él las responda. "Así es, Dios. No solo contesta mi oración... respóndela exactamente como yo quiero". Todavía luchamos con el deseo de apoyarnos en nuestro propio entendimiento. Todavía queremos las cosas a nuestra manera. Sin embargo, en todo esto, sabemos la verdad. Sabemos que Dios es un mejor artista que Da Vinci, Van Gogh y Picasso juntos. Y definitivamente, es mejor que esa aficionada Bethany Beal. Sabemos que sería increíblemente tonto tomar el pincel y tratar de crear nuestra propia obra maestra. Sería un juego de niños en comparación

> Él está creando una *obra de arte* a partir de nuestras historias y de la tuya.

con la obra maestra en la que Él está trabajando. Él está creando una obra de arte a partir de nuestras historias y de la tuya. Y cuanto más aprendamos a confiar en Él a lo largo del viaje, más agradable será el trayecto.

Hay una ilustración simple que nos ha ayudado a tener una mejor comprensión en cuanto a confiar en Dios más plenamente.

¿Ves los dos círculos en la página siguiente? El círculo más pequeño está lleno de áreas sobre las que Dios nos está llamando, como cristianas, a confiar y obedecerlo en este momento. Estas son áreas de obediencia en las que Él nos insta a caminar. Y esta lista es solo un comienzo. Puedes buscar en línea "mandamientos de Cristo", y verás exactamente lo que ordenó en el Nuevo Testamento. O échale un vistazo a Mateo 5–7. Allí también encontrarás mucho más. Estas instrucciones son muy útiles y ofrecen una guía muy clara para nosotras. Cada vez que te preguntes qué se supone que debes hacer en tu vida o a dónde te está guiando Dios, detente y pregúntate si estás caminando en obediencia a su instrucción para ti, como cristiana.

¿Ves el círculo más grande? Esas son las cosas que Dios nos está llamando a encomendarle a Él y por las cuales orar. No sabemos cuál es su plan para nosotras en esas áreas. No encontramos esas respuestas en las Escrituras. La Biblia no dice: "El 14 de octubre de 2018, Bethany Baird se casará con David Beal". Sí, Dios lo sabía, pero yo (Bethany) no. Esa fue un área que tuve que encomendarle.

Cuánto más fácil sería confiar en Dios si supiéramos lo que nos depara el futuro, ¿verdad? Pero solo Él lo conoce. Dios es omnisciente (todo lo sabe), y nosotras no. Por ese motivo, debemos entregarle esas cosas en oración.

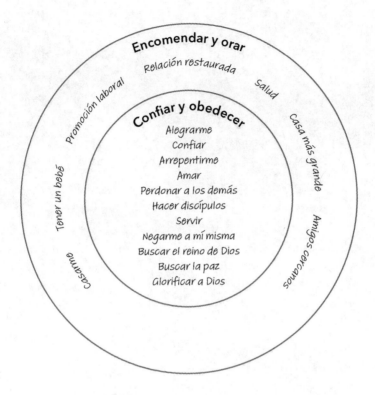

Hay dos círculos adicionales en la página siguiente. Estos son para que los personalices y hagas los tuyos propios. Queremos que te tomes un minuto para reflexionar sobre tu propia vida.

El círculo más pequeño es para que escribas todas las áreas en que sabes (según las Escrituras) que Dios te está llamando a confiar y obedecerlo en este momento.

El círculo más grande es para que escribas todas las áreas de tu vida que debes encomendarle a Dios. Las áreas en las que te encantaría que trajera claridad y dirección, cambiara las circunstancias o hiciera realidad en tu vida. Estas son las áreas en las que necesitas desesperadamente que Dios te dé fuerzas para que puedas entregárselas a Él y rendir tu futuro en sus manos.

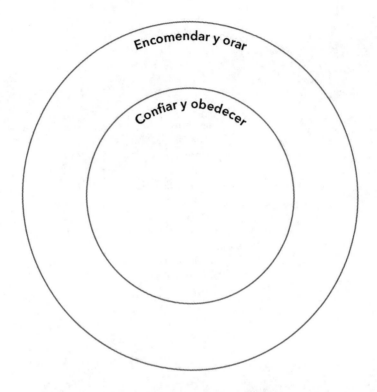

Reduce la velocidad por un minuto y piensa en esa situación que sigue ocupando tu mente. Eso que tan desesperadamente quieres tener entre tus manos. Ese asunto que ya quieres controlar y tener respuestas claras.

¿Ya lograste identificarlo?

Eso es exactamente lo que Dios te está llamando a encomendarle a Él en este momento. A Dios le interesa mucho esta área de tu vida. Aunque no lo parezca, Él es un Dios bueno y hace el bien. Sí, incluso en tu vida. No eres la excepción.

Deposita ese asunto tan importante en las manos amorosas de Dios, y observa cómo Él trae paz y descanso a tu corazón.

Nosotras dos creemos que Dios tiene buenas obras preparadas para ti (Efesios 2:10). Creemos que Él te tiene aquí para un buen propósito (Gálatas 6:9). Deseamos darte ánimo mientras te determinas a confiar en Dios y florecer justo donde Él te ha plantado. Estamos orando para que elijas ser fiel. Elige obedecer. Elige confiar en Él.

Dios es el pintor por excelencia. A medida que busques encomendarle a Él fielmente cada trazo de tu historia, un día mirarás hacia atrás y verás la hermosa obra maestra que Él pintó para su gloria. Oramos para que abras tus manos y le entregues el pincel a tu Salvador.

Él es el artista perfecto.

Reflexiona

> Dios es el pintor por excelencia. Un día mirarás hacia atrás y verás la hermosa obra maestra que Él pintó para su gloria.

Recuerda

* Dios nos llama a confiar en Él con todo nuestro corazón.

* Confiar en Dios implica admitir que Él tiene el control.

* Si confiar en Dios fuera fácil, todos lo estaríamos haciendo.

- ✳ Cuando confías en el Señor con todo tu corazón, estás reconociendo humildemente que sus caminos son mejores que los tuyos.

- ✳ Obedece a Dios en las áreas que Él ya ha establecido para ti en las Escrituras.

- ✳ Dios es el pintor y tiene la imagen final en mente. Sabe que la obra maestra terminada será más hermosa si Él toma el pincel.

ABRE TU CORAZÓN

Querido Señor:

¿Por qué es tan difícil confiar en ti? ¿Por qué quiero desesperadamente arrebatarte el pincel y crear mi propia historia? Por favor, ayúdame. Sé que eres el pintor por excelencia. Sé que tus caminos son mejores que los míos. Ayúdame a mantener mis ojos en ti, mientras doy un paso a la vez. El camino es oscuro y apenas puedo ver lo que tengo delante. No sé qué depara el mañana, ni el día siguiente ni el posterior a ese. Pero tú, sí. Confío en que me tienes en la familia, la iglesia, la comunidad, la escuela y el trabajo en los que estoy, por una razón. Por favor, ayúdame a vivir para tu gloria justo donde tú me has puesto. Confío en que tú dirigirás mis pasos para el futuro. Ayúdame a ser fiel hoy.

Amén.

Considera

—————— **Proverbios 3:5-8** ——————

Fíate de Jehová de todo tu corazón,
Y no te apoyes en tu propia prudencia.
Reconócelo en todos tus caminos,
Y él enderezará tus veredas.
No seas sabio en tu propia opinión;
Teme a Jehová, y apártate del mal;
Porque será medicina a tu cuerpo,
Y refrigerio para tus huesos.

—————— **Jeremías 17:7-8** ——————

Bendito el varón que confía en Jehová, y cuya confianza es Jehová. Porque será como el árbol plantado junto a las aguas, que junto a la corriente echará sus raíces, y no verá cuando viene el calor, sino que su hoja estará verde; y en el año de sequía no se fatigará, ni dejará de dar fruto.

. . . .

Más
PROFUNDO

Salmo 28:7
Salmo 56:3-4
Proverbios 3
Proverbios 29:25
Romanos 15:13

. . . .

HABLEMOS DE TI

1. ¿Por qué crees que confiar en Dios es difícil para la mayoría de nosotras?

2. ¿En qué área de tu vida actualmente estás luchando por confiar en Dios?

3. ¿Cómo cambió la ilustración del círculo tu perspectiva sobre confiar en Dios?

4. ¿Por qué es una tontería tratar de dirigir tus propios pasos y pintar tu propia historia?

5. Relee Proverbios 3:5-8. ¿De qué manera este pasaje te trae esperanza?

¡En ACCIÓN!

Si no has completado la ilustración del círculo, hazlo ahora mismo. Una vez que hayas terminado, observa todo lo que se enumera dentro de cada círculo. Elige una cosa de cada círculo y escríbelas en las líneas de abajo. Dedica unos minutos a la oración. Pídele a Dios que te ayude específicamente a confiar y obedecerlo en el área para la que Él ya ha dejado instrucciones en las Escrituras. Luego, pídele que te ayude a rendir a su amoroso cuidado lo relacionado con el área personal de tu vida.

_____

_____

En ti confiarán los que conocen tu nombre, por cuanto tú, oh Jehová, no desamparaste a los que te buscaron.

Salmo 9:10

capítulo 8

Libre para vivir para Él

Cuando tenía poco más de veinte años, yo (Bethany) comencé a asistir a una iglesia en la pequeña y pintoresca ciudad de Fredericksburg, Texas. Este fue un gran cambio para mí. Hasta ese punto, había estado asistiendo toda mi vida a una misma iglesia bien establecida en San Antonio. Eso equivale a alrededor de 1200 domingos sentada en el mismo banco de la iglesia, mirando el mismo podio de madera de siempre. Aunque cambiar a esta iglesia de un pequeño pueblo fue todo un proceso para mí, me pareció la decisión correcta debido a algunos cambios estructurales que habían ocurrido en mi antigua congregación. Lo que no sabía entonces era que Dios estaba tramando una hermosa historia de amor para mí, que comenzaría en esta pequeña iglesia rural.

Nunca olvidaré la primera vez que me detuve en esta iglesia rural blanca. Jamás hubiera imaginado que cuando entrara por las grandes puertas de madera teñidas color cereza, vería por primera vez a mi futuro esposo.

Para ser completamente sincera, esta primera reunión no fue para nada romántica. Definitivamente, no fue amor a primera vista, aunque desearía que lo hubiese sido. ¿No esperan eso en secreto todas las chicas? Yo tenía veintitrés años y él tenía unos diecisiete (sí, habría sido una especie de relación ilegal en ese momento). Básicamente, él todavía era un niño, y yo era una mujer adulta. No tenía ni idea de que este adolescente, David Jonathan Beal, crecería y, siete años después, se convertiría en mi esposo y el padre de mis hijos.

Pasaron los siguientes años y tuve muy poca interacción con David. Para ser franca, ni siquiera era realmente un amigo. Más bien un conocido, en el mejor de los casos. En realidad, era el amigo de mi hermano menor (sí, soy esa chica que finalmente se casó con el amigo de su hermano menor).

Durante esos años de conocer a David (aunque no profundamente a nivel personal), pasé por otra relación seria, experimenté otra ruptura y continué luchando con mi soltería. Me preguntaba si Dios tenía un plan para mí, y me resultaba difícil vivir una vida consagrada a Él. Aunque no podía ver el futuro (de hecho, todavía no puedo), Dios sabía lo que estaba haciendo. Él estaba trabajando a lo grande en mi vida, y también en la vida de David. Dios nos estaba moldeando, formando y realmente preparándonos el uno para el otro.

Simplemente, aún no lo sabíamos.

Desde mediados hasta finales de mis veinte años, sentí que Dios estaba podando mi corazón y tratando de enseñarme a vivir por completo para Él. Tengo un recuerdo particular de estar sentada en mi cama y preguntarme qué estaba haciendo con mi vida. Recuerdo que me llevé las rodillas al pecho y simplemente empecé a llorar. Mi vida no se veía en absoluto como la había planeado y me estaba costando entregarle ese sueño perfecto a Dios.

Después de muchísima oración, horas y horas de sumergir mi mente en las Escrituras, y momentos de clamor directo a Dios, llegué a comprender que mi propósito en esta tierra no es cumplir mis sueños para mi vida.

No estoy aquí para hacer que mi nombre sea reconocido. No estoy aquí para conseguir todas las cosas que quiero. No estoy aquí para ganar reconocimientos ni elogios. No estoy aquí para construir mi propio reino.

Estoy aquí para traer gloria a Dios e impulsar a otros hacia Él (Mateo 5:16).

Me di cuenta de que, fuera soltera o casada, mi propósito seguía siendo el mismo: *glorificar a Dios*. Es cierto, si me casaba mis circunstancias cambiarían, pero el objetivo de mi vida como hija de Dios seguiría siendo el mismo.

Ese pensamiento fue increíblemente liberador para mí.

Durante esos años de conocer a David, pero sin conocerlo profundamente, Dios cambió mi corazón y me ayudó a desarrollar una vida rendida por completo a Él. Una vida entregada a Dios y a su Palabra. Una vida dispuesta a renunciar a cualquier cosa (incluso a mi sueño de matrimonio) para glorificar a mi Salvador.

Suena loco decirlo, pero cuanto más entregaba mi vida a Dios, más progresaba. Cuanto más me veía a mí misma como una embajadora de Cristo, más emoción sentía por mi futuro. Cuanto más entendía que mi vida se trataba de Dios, más gratificante se volvía. Cuanto más me concentraba en vivir para

Jesús, más amaba mi vida. Cuanto más vivía mi propósito de traer gloria a Dios, más significativo se volvía cada pequeño detalle de mi existencia.

Aceptar la idea de no casarme nunca

Durante ese tiempo de entrega, logré aceptar al cien por ciento que tal vez no fuera a casarme nunca. Sí, todavía tenía esperanzas sobre el matrimonio y lo deseaba, pero no era imprescindible para mí. Tenía un deseo genuino de vivir totalmente para Cristo y hacerlo de la manera que Dios considerara adecuada. Si eso significaba quedarme soltera para siempre, genial. Si eso significaba casarme y servir a Dios junto a mi esposo, genial. *Dios anhela que cada una de nosotras lleguemos a ese punto de rendirnos completamente.*

Entonces, ¿cómo lograrlo? ¿Cómo vivir una vida completamente rendida a Dios?

El primer paso para tal entrega comienza con lo básico: confiar en Jesús para tu salvación (Romanos 10:9-10). Comienza con aceptarlo como tu Salvador y creer que Él es quien dice que es: el Salvador del mundo. Si aún no lo has hecho, te animo a que disminuyas la velocidad y comiences por ahí. Todo lo demás que estoy a punto de compartir contigo no tiene sentido si no has tomado esa decisión personal de confiar en Cristo para tu salvación eterna. Te animo a abrir la Biblia en el libro de Juan. Este es un libro maravilloso de las Escrituras que te ayudará a entender mejor esa decisión.

Si ya has tomado la decisión de confiar en Jesús para la salvación, tengo una pregunta para ti: ¿Qué te impide hoy vivir una vida completamente entregada a Él? ¿Qué te impide seguir el ejemplo de Jesús y decir: "Padre, si quieres, pasa de mí esta copa; pero no se haga mi voluntad, sino la tuya" (Lucas 22:42)? Este es el nivel de entrega que deseo para ti y para mí. Una vida rendida a los propósitos de Dios se asemeja a los ejemplos que leerás a continuación. Presta atención por si alguno de ellos resuena ahora mismo en tu corazón.

Dios, deseo tanto el matrimonio; pero no se haga mi voluntad, sino la tuya.

Dios, me encantaría entrar en esa escuela; pero no se haga mi voluntad, sino la tuya.

Dios, me encantaría tener hijos; pero no se haga mi voluntad, sino la tuya.

Dios, me encantaría adoptar algún día; pero no se haga mi voluntad, sino la tuya.

Dios, me encantaría tener mi propia casa en este momento; pero no se haga mi voluntad, sino la tuya.

Dios, me encantaría obtener esa promoción; pero no se haga mi voluntad, sino la tuya.

Dios, me encantaría servir como misionera en el extranjero; pero no se haga mi voluntad, sino la tuya.

Dios, por favor ayúdame a conseguir esa beca; pero no se haga mi voluntad, sino la tuya.

Dios, cambia mis circunstancias; pero no se haga mi voluntad, sino la tuya.

Dios, de verdad, por favor, contesta esta oración; pero no se haga mi voluntad, sino la tuya.

De eso se trata una vida entregada. Es decirle a Dios de forma genuina: "No se haga mi voluntad, sino la tuya". Que tu voluntad se haga en todas las áreas de mi vida. Grandes y pequeñas. Quiero tu voluntad en mis relaciones, en mi matrimonio, en mi fertilidad, en mi carrera, en mi educación, en mis finanzas, en mis sueños, en mis ambiciones y absolutamente en cada situación. Una vida consagrada se concentra en servir a Dios en todo lo que haces.

No se haga mi *voluntad*, sino la tuya, en cada área de mi *vida*.

Este fue el lugar de entrega al que Dios me trajo hace varios años. Recuerdo haberme sentido libre cuando llegué a rendirme de esta manera. Al fin me sentí libre de vivir para Dios sin ninguna otra agenda que se interpusiera en el camino. Eso es exactamente lo que Dios también quiere para ti, un corazón rendido y una vida de libertad.

Mi camino inesperado hacia el matrimonio

Habían pasado cuatro años desde el momento en que conocí a ese tal David, el muchacho de la iglesia. Digamos que unos pocos años pueden traer algunos grandes cambios en la vida de una persona. David había pasado de ser un flacucho adolescente a un hombre guapo de unos veinte años.

¡Adiós chico, hola *hombre*!

Para mi grata sorpresa, David comenzó a aparecer. Comenzó a aparecer en los eventos a los que yo asistía, en reuniones grupales con amigos e incluso en fiestas que mi familia organizaba en su casa (¡gracias a mi hermano por invitarlo!). Yo no estaba buscando exactamente una relación romántica, pero no pude evitar notar esta versión adulta del chico que una vez había visto en la iglesia.

Todos notaban cuando David llegaba a una fiesta o reunión. Era una chispa de alegría, estaba lleno de vida. Desbordaba un humor hilarante. A todos les encantaba estar con él, incluso a mí.

Sin darme cuenta, empecé a admirar a este tipo. De acuerdo, comencé a enamorarme de él (solo que "admirar" sonaba más maduro). Lo admito. Empecé a notarlo y a querer estar cerca de él. Deseaba verlo. Pensaba en él cuando no estábamos juntos. Incluso comencé a preguntarme si él también podría estar interesado en mí. ¿Alguna vez has estado en una situación como esa? ¿Has pasado por esa sensación de tormento cuando te gusta un chico y no tienes idea de si él también está interesado en ti? Es lo peor.

Esta floreciente amistad con David se convirtió rápidamente en un área de conflicto interno para mí. Quería servir a Dios dondequiera que Él me llevara en la vida, pero no estaba segura de si David era parte de ese plan. No quería distraerme con este muchacho maravilloso si no era parte del plan de Dios para mi futuro. Incluso comencé a pedirle a Dios que me quitara mis sentimientos por David. ¿Alguna vez has estado ahí? Pero luego también comencé a orar para que David me quisiera, si esa era la voluntad de Dios. Comencé a sentir celos cuando otras chicas interactuaban con él (sé que puedes identificarte con esto). En resumidas cuentas, me estaba convirtiendo en un pequeño caos sentimental. Mi corazón se sentía atraído hacia este hombre, y confundido a la vez.

Me preguntaba por qué Dios había traído este muchacho a mi vida.

Finalmente, había llegado al lugar donde estaba dando fruto en mi soltería. Estaba sirviendo a Dios de todo corazón. ¿Por qué me dejaba distraer por este tipo? Traté de detenerme, pero mis esfuerzos fueron inútiles. Cuanto más intentaba que no me gustara este chico, más me gustaba. Mi corazón estaba perturbado.

Unos meses después de haberme enamorado, salimos de la ciudad para pasar unas vacaciones en las montañas. Justo en el momento perfecto. Necesitaba despejar mi cabeza. Necesitaba tener algo de perspectiva. Aproveché este tiempo lejos de mis amigos, lejos de David, para volver a enfocarme en Dios y entregarle mi vida una vez más. Pasé horas escribiendo un diario, orando y simplemente rogando a Dios que eliminara los sentimientos que tenía por David. No quería esta distracción en mi vida si se trataba de un camino sin salida. Por último, decidí encomendarle a Dios toda la situación. Oré: *¡No se haga mi voluntad, sino la tuya!*

Antes de lo pensado, me tocó abandonar el aire fresco de la montaña para regresar a casa, al calor sofocante de Texas.

Fue inevitable notar que algo estaba diferente. David estaba diferente. Supongo que la ausencia hace que el corazón se vuelva más cariñoso. El corazón de David parecía más cariñoso hacia mí. Noté sus rápidas respuestas a mis mensajes. Sus sonrisas persistentes que cruzaban la habitación. Su especial atención a mis necesidades. Su deseo de estar cerca de mí. Algo era distinto. Me trataba de manera diferente a como solía tratar a cualquier otra chica. Mi corazón se derretía. Me gustaba hacia dónde iba esto.

Y entonces sucedió.

El día que anhelaba secretamente, pero que no me imaginaba que realmente llegaría, en realidad llegó. David me llamó por teléfono y me invitó a cenar. ¡El chico que me gustaba me pidió una cita! Había estado orando por este muchacho durante meses. Sabía sin lugar a duda que quería ir a esta cita. No estaba segura de si habría una cita número dos, pero sabía que necesitaba al menos ir a esta primera. Quería ver si había suficiente conexión como para darnos una razón para salir de nuevo. Quería ver si Dios tenía algo reservado para nosotros.

En pocas palabras, la primera cita fue mejor de lo que podría haber soñado. Lo pasamos de maravilla juntos. Nos alentamos el uno al otro. Nos inspiramos mutuamente. Sentí que David era alguien a quien quería conocer de una manera más profunda y personal.

Me invitó a salir en una segunda cita. Luego una tercera. Una cuarta. Innumerables citas más.

Después de varios meses de citas, nos quedó muy claro que éramos mejores cuando estábamos juntos. Nos impulsábamos el uno al otro hacia Cristo y nos ayudábamos mutuamente a amar a Dios en plenitud. Por más que había rendido a Dios mi sueño de un matrimonio futuro y había aprendido a florecer en mi soltería, me di cuenta de que Dios estaba cambiando mi dirección. Mi propósito de glorificarlo seguiría siendo el mismo, pero mis circunstancias y mi estado civil iban a cambiar.

Unos días antes de comprometernos, ambos escribimos sobre nuestros sentimientos en nuestros diarios personales. Aquí puedes echar un vistazo a lo que cada uno escribió.

DIARIO DE BETHANY

24 de mayo de 2018

¡Dios mío! Creo que el sábado me voy a comprometer. David quiere que use un vestido lindo y pasará a recogerme a las 10:30 de la mañana. ¡Estoy súper emocionada, y le diré un rotundo "sí"! No hay duda en mi mente de que él es el indicado. Amo a este hombre con todo mi corazón. No puedo esperar para ser su esposa. Bethany Beal. Estoy más que lista.

DIARIO DE DAVID

25 de mayo de 2018

¡Estoy SUPERNERVIOSO! Mañana es el día en que le propondré matrimonio a Bethany Lynn Baird. Estoy tan emocionado que casi estoy llorando. Ella se ha vuelto la persona más importante de mi vida. Mi corazón le pertenece al cien por ciento, para toda la vida. Siempre la amaré. Estoy muy agradecido. Señor, ¿cómo es que me permites estar con ella? Ella es mucho más de lo que merezco.

DIARIO DE DAVID

27 de mayo de 2018

El 26 de mayo de 2018, alrededor de las 2:20 de la tarde, le propuse matrimonio a Bethany, y ella dijo: "¡Por supuesto!". ¡Ahora somos una pareja comprometida! ¡No podría estar más feliz y emocionado! ¡Dios es maravilloso al darme una relación con un ángel tan increíble! ¡AMO TANTO, TANTO A BETHANY!

Nuevo viaje, mismo propósito

Ese fue solo el comienzo de nuestro viaje juntos. Dios fue misericordioso por darnos el uno al otro como mejores amigos, amantes y compañeros de equipo de por vida. El 14 de octubre de 2018, hicimos un pacto ante Dios, la familia y los amigos para honrarnos y amarnos mutuamente hasta que la muerte nos separe. Caminar por el pasillo de la iglesia hacia David fue un sueño que nunca imaginé que se convertiría en mi realidad. Recuerdo sentirme invadida de asombro y emoción. Realmente, esto estaba sucediendo. Era el día de mi boda. No era una invitada ni una dama de honor. ¡Yo era la novia! Y conste que, al final, ni usé ese vestido de "ensueño" colgado en el fondo de mi armario. Te contaré sobre eso más adelante.

Todo sobre el día de nuestra boda fue perfecto. Bueno, excepto que la temperatura parecía de un millón de grados al aire libre en Texas, y al final de la noche, todos estábamos transpirando y completamente repugnantes. Sin embargo, a David y a mí no nos importaba nada. Era el día de nuestra boda. Estábamos casados. Con todo y sudor.

Desde ese día, el matrimonio ha cambiado mi vida de muchas formas. Ha impactado casi todo lo que hago. También me ha dado la oportunidad de amar y servir de maneras que no podría hacerlo siendo una mujer soltera. Ahora tengo un esposo que estoy llamada a honrar y respetar. Todo lo demás ya no es "mío", es "nuestro", desde las finanzas hasta los horarios y los planes futuros. Tengo a alguien más que tiene prioridad en mi vida.

Por mucho que disfruto estar casada y me encantan las innumerables ocurrencias de mi esposo, él no es mi prioridad número uno. Para algunas de ustedes esto puede sonar extraño. Y tal vez otras estén pensando: *¡Muy bien, nena! ¡Tú eres la número uno!*

> Vivir una vida *entregada* a Dios significa que Él está por encima de cualquier persona y de *cualquier cosa* en la vida.

Sin embargo, eso no es lo que quiero decir. No soy mi número uno. Mi esposo no es mi número uno. Por cursi que esto suene, mi prioridad número uno realmente es Dios. Vivir una vida entregada a Dios significa que Él está por encima de cualquier persona y de cualquier cosa en la vida. Ya sea que estemos solteras, casadas, con hijos o sin ellos, jubiladas o en cualquier otra situación, el propósito de cada una de nuestras vidas debe ser glorificar a Dios. Recordemos el llamado de Dios como sus hijas redimidas. Estos versículos son la esencia de lo que significa vivir una vida rendida a sus propósitos. Son un modelo de lo que significa ser cristiano.

Busca primero el reino de Dios
Pero busquen primero Su reino y Su justicia, y todas estas cosas les serán añadidas (Mateo 6:33, NBLA).

Busca la aprobación de Dios
Pues, ¿busco ahora el favor de los hombres, o el de Dios? ¿O trato de agradar a los hombres? Pues si todavía agradara a los hombres, no sería siervo de Cristo (Gálatas 1:10).

Ama a Dios con todo tu corazón
Jesús le dijo: Amarás al Señor tu Dios con todo tu corazón, y con toda tu alma, y con toda tu mente (Mateo 22:37).

Recuerda, le perteneces al Señor
Pues si vivimos, para el Señor vivimos; y si morimos, para el Señor morimos. Así pues, sea que vivamos, o que muramos, del Señor somos (Romanos 14:8).

Incluso Jesús vino a servir a los demás

Porque el Hijo del Hombre no vino para ser servido, sino para servir, y para dar su vida en rescate por muchos (Marcos 10:45).

¿Hay algo que te impida abrir tus manos y entregar completamente tus esperanzas y sueños a Dios? En mi caso, lo que me detenía era la soltería. Me tomó años poder al fin soltar el control y encomendarle mis sueños futuros de matrimonio a Dios. Una vez que aprendí a amarlo plenamente y a vivir para Él de todo corazón, comencé a florecer.

¿Qué es lo que te detiene a ti? ¿Sobre qué asunto te empeñas en tener el control? ¿Es tu estado civil? ¿Tal vez tus sueños de tener hijos? ¿Son los cambios que deseas ver en tu esposo? ¿Tal vez es la relación de tus padres entre sí? ¿Y qué de esa promoción que has estado persiguiendo? ¿Qué te impide soltar el control y entregarle esos deseos a Dios para vivir plenamente este momento, justo donde Él te ha puesto?

Esa, amiga mía, es una vida rendida.

Es vivir la vida de tal manera que tu objetivo final no sea obtener o hacer lo que quieres, sino impulsar a otros a Jesús. Las circunstancias de tu vida cambiarán a lo largo de los años, pero tu propósito sigue siendo el mismo: *glorificar a Dios*.

Cuando tomé la decisión y finalmente le entregué mi futuro a Dios, ¡fui libre! Libre para servir a Dios, sin la necesidad de que mis circunstancias cambiaran para hacerlo. Por maravilloso y hermoso que fuera casarme, no necesitaba hacerlo para sentirme plena. Amo mucho a mi esposo. Estoy más que agradecida por él. Pero mi propósito de servir y glorificar a Dios es el fundamento de lo que soy. La belleza de la vida cristiana es que podemos llevar adelante ese propósito en cada nueva temporada en la que entramos.

Cualquiera que sea la etapa de la vida en la que te encuentres en este momento, puedes vivir de todo corazón tu hermoso propósito de glorificar a Dios. Te animo a seguir el ejemplo de Jesús y elegir decir: *No se haga mi voluntad, sino la tuya.* Cuanto más vivas tu vida para los propósitos de Dios (y no para los tuyos), más plena serás. Qué hermoso sería vivir así, con esa libertad. Libertad para servir a Dios. Libertad para amar a los demás. Libertad para florecer justo donde te encuentras hoy.

Esa es la belleza de una vida rendida a Dios.

Reflexiona

Una vida entregada se enfoca en servir a Dios en cada etapa de la vida.

Recuerda

★ Estás aquí para traer gloria a Dios y guiar a otros hacia Él.

★ Una vida entregada dice: *No se haga mi voluntad, sino la tuya.*

★ Vivir una vida entregada a Dios significa que Él está por encima de cualquier persona y de cualquier cosa en la vida. Ya sea que estemos solteras, casadas, con hijos o sin ellos, jubiladas o en cualquier otra situación, el propósito de nuestra vida debe ser glorificar a Dios.

✷ Pídele a Dios que te cambie de adentro hacia fuera. Pídele que te dé el poder de vivir completamente entregada a Él.

ABRE **TU** CORAZÓN

- -

"Señor:
Renuncio a mis propios planes y propósitos, a todos mis deseos, esperanzas y ambiciones personales, y acepto tu voluntad para mi vida. Me entrego a mí misma, mi vida, mi todo, completamente a ti, para ser tuya para siempre. Te entrego a todas mis amistades; todas las personas que amo deben ocupar un segundo lugar en mi corazón. Lléname ahora y séllame con tu Espíritu. Haz tu voluntad en mi vida a cualquier costo, porque para mí el vivir es Cristo.
Amén".

—Betty Scott Stam[6]

- -

6. Nancy Demoss Wolgemuth, "Betty Scott Stam: A Life of Surrender", True Woman (blog), consultado el 6 de mayo de 2021, https://www.reviveourhearts.com/true-woman/blog/betty-scott-stam-life-surrender/.

Considera

————— **1 Pedro 4:7-11, NBLA** —————

Pero el fin de todas las cosas se acerca. Sean pues ustedes prudentes y de *espíritu* sobrio para la oración. Sobre todo, sean fervientes en su amor los unos por los otros, pues el amor cubre multitud de pecados. Sean hospitalarios los unos para con los otros, sin murmuraciones.

Según cada uno ha recibido un don *especial*, úselo sirviéndose los unos a los otros como buenos administradores de la multiforme gracia de Dios. El que habla, *que hable* conforme a las palabras de Dios; el que sirve, *que lo haga* por la fortaleza que Dios da, para que en todo Dios sea glorificado mediante Jesucristo, a quien pertenecen la gloria y el dominio por los siglos de los siglos. Amén.

. . . .

Más
PROFUNDO

Romanos 14:8
Gálatas 2:20
Gálatas 5:13
Efesios 2:1-10
Filipenses 2:5-8
Colosenses 3:23-24

. . . .

HABLEMOS DE TI

1. Cuando escuchas la palabra *entrega*, ¿qué es lo primero que te viene a la mente?

2. ¿Cuál es el paso más importante en cuanto a rendirse? (Piensa en la salvación). ¿Has dado este paso? Si no es así, ¿qué es lo que te impide confiar en Jesús como tu Salvador?

3. ¿Por qué crees que Jesús es el ejemplo perfecto de una vida entregada?

4. ¿Qué cosa en tu vida necesitas rendirle a Dios en este momento?

5. Saca tu Biblia y lee Mateo 6:33. ¿Qué dice este pasaje que tenemos que buscar?

6. ¿Qué cambios necesitas hacer para que Jesús sea el número uno en tu corazón?

¡En
ACCIÓN! Toma tu teléfono o computadora y busca la canción "Yo me rindo a Él". Encuentra un lugar tranquilo donde puedas escuchar esta canción sin distracciones. Reproduce la canción y deja que sus palabras inunden tu alma. Después de haberla escuchado una vez, reprodúcela por segunda vez. Ahora conviértela en tu oración a Dios. Pídele que haga de las palabras que estás escuchando el clamor de tu corazón.

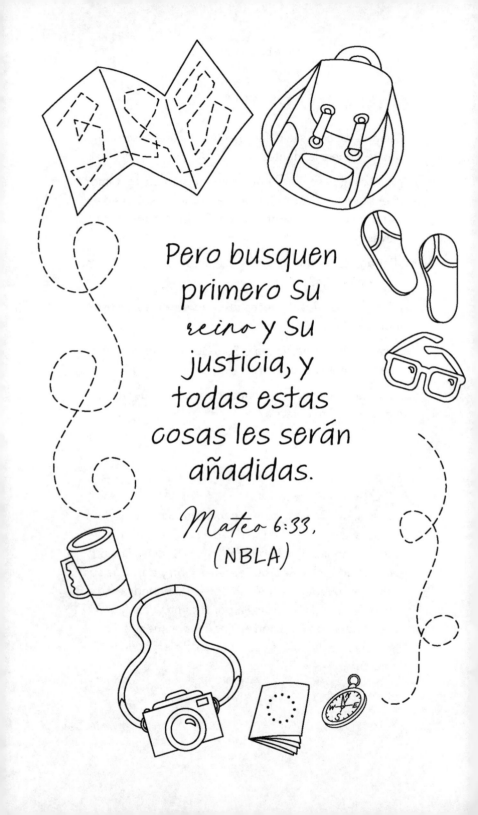

Pero busquen primero Su reino y Su justicia, y todas estas cosas les serán añadidas.

Mateo 6:33, (NBLA)

capítulo 9

A veces ríes, a veces lloras

Yo (Kristen) me quedé en estado de *shock* mirando la prueba de embarazo positiva en mis manos. Habían pasado más de cinco años desde que había visto esas líneas dobles. Después de mis dos abortos espontáneos al principio de mi matrimonio, me preguntaba si alguna vez volvería a concebir. Durante seis años oré por un bebé. Tenía esperanzas. Pero a medida que pasaban los años lentamente, mi diagnóstico de infertilidad inexplicable me amenazaba como una misteriosa niebla que no se disipaba.

Pero aquí estaba.

De pie en mi baño, en una cálida tarde de abril, sostenía en mis manos las noticias más inesperadas. Estaba embarazada. Contra todo pronóstico, había concebido de nuevo. Zack y yo estábamos a solo unos meses de celebrar nuestro octavo aniversario, y esta noticia parecía un regalo especial de la misma mano de Dios.

Sentí una oleada de alegría y emoción por todo mi cuerpo. Pero con la misma rapidez, sentí que una ola de miedo y ansiedad inundaba mi corazón. *¿Qué pasa si este embarazo no funciona? ¿Qué pasa si tengo otro aborto espontáneo? ¿Qué pasa si comparto esta noticia con mi familia solo para verlos llorar otra pérdida conmigo?* Mi corazón parecía un tornado de emociones. Quería atesorar la alegría de esta noticia milagrosa, pero tenía mucho miedo de celebrar. Mientras me miraba en el espejo, una paz apacible aquietó mi corazón. Las palabras del Salmo 138:8 me vinieron a la mente y me recordaron esta verdad vivificante: "El Señor cumplirá Su propósito en mí; eterna, oh Señor, es Tu misericordia…" (NBLA).

El resultado de mi historia no estaba en mis manos, sino en las de Dios. Él tenía el control. Así como permitió que este embarazo tuviera lugar, me llevaría a través de cualquier camino que me llamara a caminar. En alegría o tristeza, Dios estaba conmigo. Él estaba a cargo de mi historia. Mi trabajo era seguirlo y confiar en Él.

Las primeras semanas de mi embarazo trascurrieron lentamente. Cada mañana se sentía como una vuelta olímpica. Mi médico me pidió que fuera a citas semanales, ya que mi embarazo se consideraba de alto riesgo. En mi cita de las ocho semanas, mis ojos se llenaron de lágrimas de alegría al ver en la pantalla el precioso latido del corazón. Tomé fuerte la mano de Zack mientras ambos mirábamos el pequeño milagro que teníamos ante nosotros. Ninguno de mis dos primeros embarazos había superado las seis semanas y media.

Esta cita representaba una victoria histórica. Mi médico me dijo que cobrara ánimo. Los latidos del corazón eran fuertes, y las medidas del bebé estaban perfectas. No podía creer que esto estuviera sucediendo. Me permití soñar, por solo un segundo, con lo que sería llevar este embarazo a término. Mirando mis preciosas imágenes del ultrasonido, oré en silencio: *Por favor, Dios. Protege esta pequeña vida dentro de mí.*

Las semanas continuaron avanzando lentamente. Nada parecía fuera de lo normal. Luego llegué a la semana once. Comencé a experimentar un ligero sangrado. Tomé mi computadora y empecé a investigar como una loca. Las opiniones eran diversas. Esto podría ser grave, o no ser nada. Decidí programar una cita adicional con mi médico para una revisión. Al entrar a su oficina, mi corazón estaba indeciso entre el miedo y la esperanza. *Por favor, Dios. Por favor.*

Mi médico me saludó con afecto y me aseguró que probablemente todo estaba bien. Mientras realizaba el ultrasonido, su comportamiento cambió de inmediato. Se quedó callado mientras observaba la pantalla. Luego, sin mirarme, dijo suavemente: "Lo siento mucho, cariño, pero ya no hay latidos del corazón".

Sus palabras me apuñalaron en el pecho.

Mi mente se detuvo.

¡Pero llevo once semanas!

Acostada boca arriba, miré al techo en silencio, tomada de la mano de Zack. Lágrimas silenciosas recorrían mi rostro. No quería creer lo que estaba escuchando. Se suponía que este embarazo iba a funcionar. Este era el milagro que se suponía que tendría un final feliz. Esta impactante noticia no era parte del plan.

No tenía palabras. Solo podía llorar.

Luego de que Zack y yo saliéramos lentamente de la oficina, bajáramos las escaleras y entráramos en el estacionamiento, simplemente estallé. Las compuertas se abrieron. Lloré con un clamor tan fuerte como no había llorado en años. No me importaba si alguien me estaba viendo. Estaba abrumada por el dolor. Zack me abrazó fuerte y lloramos juntos. Nos quedamos allí sollozando en el estacionamiento hasta que ya no pudimos llorar. Zack se tomó el resto del día libre del trabajo, mientras llorábamos la pérdida de otro bebé.

Los siguientes días fueron aún más difíciles, al comunicárselo a nuestra familia y amigos. Todos estaban devastados. A pesar de que recibimos el invaluable apoyo y amor de quienes nos rodeaban, el mundo se volvió desolador. Sabía teológicamente que Dios era mi esperanza…, pero no me sentía esperanzada para nada. La peor parte de esta pérdida fue que no aborté de inmediato. Después de recibir la noticia de que los latidos del corazón de mi bebé se habían detenido, me tomó siete días abortar de forma natural. Esos siete días fueron como una pesadilla emocional. Luego, justo al recibir la notificación de felicitaciones de mi aplicación de embarazo por haber alcanzado las doce semanas, ocurrió el aborto espontáneo.

En medio de esta angustia y dolor, la historia dio otro giro inesperado.

Justo cuando pensaba que las cosas no podían ponerse más difíciles para mí, lo hicieron.

Exactamente una semana después de que ocurriera mi aborto espontáneo, Bethany descubrió que estaba embarazada. Con lágrimas en su rostro, compartió su noticia conmigo. "Lo siento mucho —dijo con el corazón apesadumbrado—. Nunca lo hubiéramos planeado de esta manera".

Lo que se suponía que fuera uno de los momentos más felices de su vida, era una mezcla de alegría y dolor para las dos. Como puedes imaginar, este fue un momento desafiante para navegar como hermanas. Nos amábamos profundamente. Nos preocupábamos la una por la otra. Solo teníamos mutuos deseos de bien. Pero ¿cómo íbamos a caminar a través de esto? ¿Cómo íbamos a expresar este amor mutuo cuando nuestros caminos tomaban direcciones extremadamente opuestas? ¿Era posible llorar y celebrar al mismo tiempo?

Estoy segura de que puedes *sentir* la tensión entre nosotras como hermanas, incluso mientras lees esto. Hasta ese momento, nunca nos habíamos enfrentado a este tipo de dinámica sensible y profundamente cruda en nuestra relación. No sabíamos qué hacer ni cómo avanzar. Tal vez tú misma hayas estado ahí. Si has estado en una posición en la que alguien que amabas recibió la misma bendición que perdiste, sabes lo terriblemente difícil que es sobrellevarlo. Sabes lo dolorosamente duro que es amar de manera genuina a esa otra persona, mientras te enfrentas a tus propias angustias y pérdidas. Es doloroso en todos los niveles.

Para mí, la noticia del embarazo de Bethany significó un golpe extra en mi dolor. No porque no quisiera que ella quedara embarazada, sino porque su embarazo me recordaba constantemente mi pérdida. Lloré a puerta cerrada y le pregunté a Dios por qué. ¿Por qué me quitaría a este bebé? ¿Por qué permitiría que mi hermana quedara embarazada en un momento tan delicado? ¿Por qué escribió mi historia de esta manera? Probablemente, le hayas hecho preguntas similares. Mientras clamamos a Dios en nuestro dolor y angustia, no solo estamos desesperadas por respuestas, sino que además solo queremos que Él junte otra vez las piezas rotas para que todo vuelva a estar bien.

El peso de la angustia

Nunca antes había experimentado un dolor como *este*. Fue muy personal. Demasiado abrumador. Tan inevitable. Quería escapar del dolor, pero no tenía a dónde correr. Por un tiempo, me sentí espiritualmente entumecida y me preguntaba si alguna vez volvería a experimentar gozo. Las respuestas nunca llegaron de manera audible. Pero durante los siguientes meses, Dios consoló mi corazón como solo Él podía. Durante esta etapa difícil, amorosamente me llevó a un nuevo nivel de dependencia de Él. Cuando me volvía a su Palabra en busca de fortaleza, me recordaba nuevamente que: "El SEÑOR cumplirá Su propósito en mí; eterna, oh SEÑOR, es Tu misericordia" (Salmo 138:8, NBLA).

> Sabía que Dios tenía un *propósito* mayor para mi pérdida. Y en ese propósito mayor, sabía que Él me *amaba* profundamente.

Me aferré a estas palabras como un salvavidas. No tenía nada más a qué aferrarme. En medio de mi dolor, pérdida, quebrantamiento y preguntas sin respuestas, sabía que Dios tenía un propósito mayor para mi pérdida. Y en ese propósito mayor, sabía que Él me amaba profundamente.

A medida que avanzaba el embarazo de Bethany, ambas hicimos todo lo posible por apoyarnos. Sin embargo, mentiría si dijera que cada momento fue sencillo. Algunos días fueron mucho más difíciles que otros. Algunos días lloraba de tristeza por lo que podría haber sido. Y algunos días lloraba por el bebé que nunca llegué a sostener. Otros días solo lloraba y lloraba, deseando estar embarazada. Con el tiempo, el peso del dolor comenzó a aligerarse un poco. La sensación inicial de conmoción quedó atrás, y pude procesar la realidad un poco mejor.

Alrededor de dos meses después de mi aborto espontáneo, decidí compartir las noticias de mi pérdida en línea. Esto fue duro y a la vez sanador. Compartir pérdidas personales en línea no es para todos, y puede que no sea para ti. Pero en mi caso, quería crear un puente para conversaciones que trajeran restauración a otras mujeres que habían experimentado pérdidas similares. Poco después de publicarlo, comencé a recibir mensaje tras mensaje de dulces hermanas cristianas de todo el mundo que me preguntaban cómo estaba. Dado que gran parte de mi vida y la de Bethany se viven públicamente en línea, en Girl Defined Ministries, la gente se enteró de lo que estaba pasando. De verdad, querían saber cómo lo enfrentábamos como hermanas.

Sabía que necesitaba hablar abiertamente sobre esto. Quería ser transparente sobre mi propio proceso y, al mismo tiempo, ofrecer esperanza a cualquiera que luchara con una tensión similar. Dios estaba obrando en mi vida y enseñándome que el dolor y el gozo pueden coexistir en el mismo corazón al mismo tiempo. Dios me estaba ayudando a ver que podía llorar la pérdida de mi propio bebé y, al mismo tiempo, regocijarme por el embarazo de mi hermana. Aquí hay un fragmento de lo que compartí en línea durante ese tiempo:

Aunque tenga mi corazón roto por mi propia pérdida, no tengo el corazón roto por la alegría de mi hermana.

Dios me ha estado enseñando que puedo llorar y alegrarme al mismo tiempo. Tengo la libertad de llorar mi pérdida y, al mismo tiempo, celebrar la alegría de mi hermana.

Con la fuerza de Cristo obrando en nosotras, creo que es posible que todas podamos hacer lo mismo. No tenemos que vivir exclusivamente en un extremo o el otro. Como Romanos 12:15 (NBLA) nos recuerda tan bellamente: "Gócense con los que se gozan y lloren con los que lloran". En los últimos meses, he sido alentada por muchas hermanas increíbles y piadosas (en línea y en persona) que viven este versículo con tanta gracia y amor. Muchas de ustedes me han estado apoyando al cien por ciento con sus oraciones y compasión, al mismo tiempo que han apoyado a Bethany al cien por ciento con dicha y felicitaciones.

Esto es lo que significa vivir en ambos extremos. Lloramos con los que lloran y nos regocijamos con los que se regocijan. Con la fortaleza de Cristo, podemos abrazar nuestras propias temporadas de desilusión, mientras celebramos simultáneamente con aquellas que reciben las mismas bendiciones que deseamos. Creo que esto es lo que Dios nos llama a aprender como hermanas cristianas, y es algo hermoso de contemplar.[7]

Mis palabras fueron recibidas con una respuesta abrumadora de comprensión y aliento. Escuché sobre muchas mujeres que compartieron cómo caminaban en una tensión similar en sus propias vidas. Algunas expresaron que eran solteras y anhelaban el matrimonio, mientras luchaban por celebrar el compromiso de su mejor amiga. Algunas estaban transitando la pérdida de un trabajo, mientras que sus propios hermanos parecían subir fácilmente la escalera del éxito. Otras luchaban con la desilusión de sus oraciones sin respuestas, mientras

7. Kristen Clark (@krstnclark), artículo de Instagram, 15 de agosto de 2019, https://www.instagram.com/p/B1M3LhlH-mz/?igshid=1uh63qb9p4wcr.

Dios contestaba las oraciones de sus más allegados. Algunas también contaron cómo estaban sobrellevando el dolor de un aborto espontáneo, mientras que todas a su alrededor parecían quedar embarazadas en el primer intento.

Mientras mi corazón clamaba por esperanza y aliento, fui testigo del mismo anhelo de innumerables otras mujeres. Cada una de nosotras estaba atravesando su propia historia única de tristeza y alegría. Cada una de nosotras luchaba con sus pérdidas, mientras vivía en medio de las bendiciones de otras personas. Mientras dialogábamos sobre esto en línea, encontramos fuerza en las historias de las demás. Dios estaba obrando. Todavía no había terminado con nosotras.

Y, hermana, Dios tampoco ha terminado contigo.

Aprender a llorar y regocijarse

Aunque quizás no te conozca personalmente (¡o tal vez sí!), ya tenemos algo grande en común. Cada una de nosotras está enfrentando, ya ha enfrentado o enfrentará la pérdida, la desilusión y el dolor en nuestra vida. Si no sabemos cómo superar estas pruebas mientras vivimos entre nuestra familia y amigos, ¿cómo sobreviviremos? ¿Cómo progresaremos? Esto es lo que ambas tenemos en común: hermana, ambas tenemos que aprender lo que significa vivir en la tensión de Romanos 12:15 (NBLA), que dice: "Gócense con los que se gozan y lloren con los que lloran". Tenemos que aprender a llorar por nuestras pérdidas, muy reales, de manera saludable; y al mismo tiempo, regocijarnos con las personas que amamos. ¿Duro? ¡Sí! ¿Imposible? No con la ayuda de Dios.

Voy a ser honesta contigo y admitir que me sentí muy tentada a enojarme con Bethany después de mi aborto espontáneo. Tuve la tentación de ver su bendición como un ataque directo a mi pérdida. ¿Alguna vez te has sentido así hacia un familiar o amigo? Es una extraña mezcla de emociones, ¿cierto? Pero la verdad, tanto para mi situación como para la tuya, es que la bendición de los demás no tiene nada que ver con nuestra pérdida. Los planes de Dios son únicos para cada una de nosotras. Sus propósitos se extienden más allá de lo que podemos ver.

Mientras lloraba mi propia pérdida (que es algo saludable y bueno), hice espacio en mi corazón para celebrar la alegría de mi hermana. Sabía que la forma en que respondía a esta difícil circunstancia sentaría las bases para el próximo año. Tuve que tomar una decisión difícil. Podía elegir el camino de la ira, el resentimiento y la amargura (hacia Dios y Bethany), o podía elegir el camino del gozo, la gratitud y la celebración genuina.

Por la gracia de Dios, elegí lo último.

Sabía que un corazón con amargura no me llevaría a un lugar mejor. Sabía que albergar resentimiento solo me robaría el gozo. Sabía que la ira no produciría ninguna solución. Como dice Proverbios 14:10: "El corazón conoce la amargura de su alma; y extraño no se entremeterá en su alegría".

Por lo tanto, en los días, las semanas y los meses posteriores a mi aborto espontáneo, realmente clamé a Dios pidiéndole que me ayudara a tomar la decisión diaria de amar a mi hermana. Para celebrar sus alegrías. Para regocijarme en sus bendiciones. Pero, sobre todo, le pedí a Dios la fuerza diaria para confiar en Él. Confiar en su plan soberano. Confiar en su tiempo. Confiar en sus caminos.

Con el tiempo, durante este proceso, mi corazón recibió una enorme restauración. Y amiga, esto es exactamente lo que

Dios quiere para ti también. La sanidad y la esperanza pueden ser tu realidad a medida que eliges dar pequeños pasos diarios para confiar en Dios, regocijarte con los demás y orar fervientemente. De esto se trata avanzar: elegir intencionalmente poner un pie (espiritual, emocional y físicamente) frente al otro.

Al hacer esto, comencé a ver, de primera mano, por qué la Biblia dice: "Más bienaventurado es dar que recibir" (Hechos 20:35). No solo somos más bendecidas debido a la alegría que recibimos al dar (aunque eso es algo maravilloso), sino también porque *dar* está en el corazón mismo de la esencia de Dios. Jesús, el mismo Hijo de Dios, "no vino para ser servido, sino para servir, y para dar su vida en rescate por muchos" (Mateo 20:28). Servir y amar a los demás es la esencia misma del carácter de nuestro Salvador.

Servir y amar a los demás es la esencia misma del carácter de nuestro Salvador.

Mientras transitas temporadas en que esto parece muy difícil de hacer, recuérdale a tu corazón quién es Jesús. Recuérdale a tu corazón que tu misión principal es amar a los demás e impulsarlos de regreso a su Salvador. En otras palabras:

Cuando derramas tu *amor* hacia los demás, te vuelves más como Jesús.

Cuando decides *dar*, a pesar de que en tu interior deseas encerrarte, esconderte y escaparte, despliegas una imagen cautivante de amor sacrificial.

Cuando *sirves*, exhibes el evangelio por medio de tus acciones.

Cuando *celebras* lo que Dios está haciendo en la vida de los demás, los conduces al Dador verdadero de esos buenos dones.

Cuando te *expones* de manera genuina ante alguien que ha recibido la bendición que tú anhelas, le estás recordando tangiblemente que Dios es bueno y que podemos confiarle cada detalle de nuestra vida.

Hermana, esa es la razón por la cual es más bienaventurado dar que recibir.

Nos convertimos en vasijas tangibles del amor de Jesús para quienes nos rodean.

Recibimos el gozo de Cristo en nuestros corazones, mientras seguimos sus pasos.

En nuestro vacío, Cristo nos llena a medida que nos derramamos por los demás.

Aunque tus circunstancias no son exactamente las mismas que las mías, estas verdades se aplican a tu vida de igual manera.

Tal vez tu lucha sea similar a la que Bethany tuvo durante muchos años. Anhelas casarte y tener a esa persona especial a tu lado, pero Dios no está respondiendo a tus oraciones de la manera que esperabas. Estás teniendo problemas en cuanto a celebrar las alegrías de tu familia y de tus amigas que se casan. Las despedidas de soltera, las cenas de ensayo y las ceremonias de boda te ponen los nervios de punta. Hermana, ahí es justo donde Dios quiere encontrarse contigo.

O tal vez ya estás casada y tienes uno o dos hijos corriendo por la casa. De repente, tu deseo de convertirte en madre ya no se siente como un sueño hecho realidad, sino más bien como una agotadora rutina diaria de cambiar pañales apestosos, preparar innumerables comidas y, simplemente, mantener vivos a tus pequeños humanos. Miras las vidas de tus familiares y amigos solteros, y sientes una semilla de amargura que crece en cuanto a su "libertad e independencia". Hermana, ahí es justo donde Dios quiere encontrarse contigo.

O tal vez todavía no hayas alcanzado en tu vida la anhelada etapa de la adultez. Tu mejor amiga parece tener todo (y me refiero a *todo*) lo que deseas. A pesar de que es una buena amiga, sientes hacia ella resentimiento y celos que se acumulan en tu corazón. Estás luchando por felicitarla o regocijarte con ella en sus logros. Prefieres quejarte de ella en tu corazón y quejarte ante Dios por lo injusta que es la vida. Hermana, ahí es justo donde Dios quiere encontrarse contigo.

Independientemente del tiempo que estemos viviendo o de las pérdidas y luchas que enfrentemos, Dios quiere que cada una de nosotras elija el camino de la humildad y la gracia hacia los demás. Elegir abrazar esta perspectiva cambió todo para mí. Cuando tuve la tentación de correr hacia la dirección contraria, le pedí a Dios que me diera un corazón de amor y generosidad hacia mi hermana. Y lo hizo. Me dio lo que necesitaba para vencer cada nuevo obstáculo que encontraba. Y Él quiere hacer eso por ti también. Un día a la vez. Un paso a la vez.

Su gracia es siempre suficiente

Bien, a modo de aclaración, transitar este camino de alegrarnos con los demás, mientras al mismo tiempo, soportamos nuestros propios desafíos o pérdidas es difícil. DIFÍCIL en letras mayúsculas. Y está bien reconocerlo.

Para mí, una de las cosas más difíciles que enfrenté durante toda esa temporada de llanto y alegría fue el primer *baby shower* de Bethany. Cada detalle en esa fiesta era una mezcla de alegría y tristeza para mí. Todo me recordaba que no estaba embarazada. Tuve que luchar para sentir alegría en ese momento. Tuve que alinear mi corazón y mis emociones a la verdad de Dios. Literalmente, tuve que hacer un gran esfuerzo. Oré por la fortaleza de Dios y su perspectiva.

A pesar de lo difícil que fue ese día, la gracia de Dios fue suficiente. Segunda de Corintios 12:9 demostró ser verdad: "Te basta Mi gracia, pues Mi poder se perfecciona en la debilidad" (NBLA). Realmente pude regocijarme con mi hermana. Pude celebrar el plan único y especial que Dios tenía para su vida y la vida de su bebé. Incluso ayudé a organizar la fiesta. Hice una tarta, le llevé un regalo y oré por los alimentos. No hui ni me escondí, sino que estuve presente por mi hermana y celebré ese momento especial en su vida.

Unos días más tarde, decidí compartir esta experiencia en línea. Sabía que otras mujeres estarían escalando una montaña similar y podrían necesitar algo de aliento en tiempo real. Publiqué una dulce foto de Bethany y yo en su *baby shower*, junto con las siguientes palabras:

Celebrando a esta belleza hoy. Si me hubieras preguntado hace 10 años cómo pensaba que sería mi futuro, definitivamente habría pintado una imagen muy diferente de lo que es mi realidad hoy. Crecí siempre asumiendo que me casaría joven, tendría hijos bastante rápido y viviría mis días bajo el sol justo al lado de mi sexy esposo.

Bueno… el primer y el último sueño se hicieron realidad. 😌

Pero el del medio…¡guau! Ese ha sido un viaje inesperado y desafiante. Nunca imaginé que estaría celebrando el embarazo de mi hermana más cercana sin nada que mostrar por mí misma, más que la pérdida y la desilusión. Nunca lo imaginé. Nunca me lo esperé. Pero Dios así lo determinó. Y Él nunca comete errores.

Lo que ha sido aún más inesperado que mi proceso de infertilidad es la misteriosa forma en que Dios ha sincronizado mis anhelos internos para conciliarse con mi realidad externa. Su gracia es verdaderamente un regalo dulce y precioso. Él me ha abierto los ojos para ver la belleza de su plan único para la vida de cada persona. Así como no hay dos huellas dactilares exactamente iguales, no hay dos historias de vida exactamente iguales. La mano soberana de Dios dirige nuestros caminos y nos guía por el que Él ha trazado para nosotras.

A veces es un valle. A veces es la cima de una montaña. Pero no importa a dónde nos lleve el camino, Él siempre está a nuestro lado. Él siempre está concediéndonos gracia fresca para cada nueva oportunidad. Y por esa razón, realmente pude celebrar el embarazo de mi hermana hoy y alabar al Señor por lo que está haciendo en su vida. Dios es bueno, y todo lo hace bien.

Y quién sabe… tal vez algún día lleguemos a ser mamás simultáneamente. ¡Eso sería increíble! Pero si ese sueño nunca se hace realidad, sé que la gracia de Dios también será suficiente para cada paso del viaje. Su fidelidad para mi vida en el ayer me recuerda que debo confiar en Él para lo que tenga planeado para el mañana.[8]

8. Kristen Clark (@krstnclark), artículo de Instagram, 1 de febrero de 2020, https://www.instagram.com/p/B8CfofEHAWj/?igshid= 1luohmbd0lesv.

Amiga, cuando confiamos por completo en Dios para que escriba su historia para nuestras vidas, podemos mirar a nuestro alrededor y celebrar genuinamente lo que Él está haciendo en las vidas de quienes nos rodean. Tú y yo podemos amar sin condiciones a los demás, mientras lloramos nuestras propias pérdidas. No solo es posible, sino también poderoso. Es un testimonio en la vida real sobre cómo vivir el evangelio. Es un milagro de gracia que Dios produce en nuestros corazones. Siempre hay espacio para más. Cuando elegimos vivir con una mirada enfocada hacia fuera, podemos ver cuán hermoso puede ser realmente el mundo.

Para finalizar este capítulo, quiero hacerte una pregunta personal: ¿Ha estado Dios inquietando algo en tu corazón? ¿Hay alguien en tu vida que hayas estado ignorando o evitando? ¿Hacia quién necesitas dar pasos intencionales para celebrar sus bendiciones? ¿Con quién necesitas regocijarte? ¿A quién ha puesto Dios en tu vida para que ames de todo corazón en este momento?

Recuerda, es más bienaventurado dar que recibir.

En lo que se refiere a tu historia en particular, no la tienes que comparar ni desesperarte. Más bien, puedes elegir celebrar con gozo los regalos y las bendiciones que Dios les da a los demás. Es posible regocijarse y llorar al mismo tiempo. Ambas cosas pueden darse en armonía. A veces ríes, a veces lloras. Tus valles y cimas de montañas son partes hermosas del gran y soberano plan de Dios.

Reflexiona

Cuando confías plenamente en Dios para que escriba su historia en tu vida, puedes mirar a tu alrededor y celebrar genuinamente lo que Él está haciendo en las vidas de quienes te rodean.

Recuerda

✴ Debemos aprender a llorar de manera saludable por nuestras pérdidas y, al mismo tiempo, regocijarnos con las personas que amamos.

✴ Con la fortaleza de Cristo, podemos abrazar nuestras propias temporadas de desilusión, mientras celebramos simultáneamente con aquellos que reciben las mismas bendiciones que deseamos.

✴ Es más bienaventurado dar que recibir.

✴ Cuando decidimos amar a los demás, a pesar de que en nuestro interior deseamos encerrarnos, escondernos y escaparnos, desplegamos una imagen cautivante de amor sacrificial.

✴ Es posible regocijarse y llorar al mismo tiempo. Ambas cosas pueden darse en armonía.

ABRE **TU CORAZÓN**

Querido Señor:

Mientras lucho con mis propias pérdidas y anhelos, confieso que no quiero celebrar con quienes me rodean. Esto es muy difícil. Prefiero retirarme, esconderme e ignorar lo que sucede a mi alrededor. Pero sé que ese no es tu camino. Me estás llamando a amar a los demás desinteresadamente, y eso quiero. Ayúdame a convertirme en el tipo de mujer que se acerca a sus amigos y aprecia a su familia. Dame la gracia de procesar mis propias pérdidas, mientras mantengo mis ojos abiertos a lo que estás haciendo en la vida de otras personas. Quiero convertirme en alguien que celebre tu obra en la vida de los demás. Sé que es más bienaventurado dar que recibir. Ayúdame a vivirlo.

Amén.

Considera

────── **1 Juan 4:7-12** ──────

Amados, amémonos unos a otros; porque el amor es de Dios. Todo aquel que ama, es nacido de Dios, y conoce a Dios. El que no ama, no ha conocido a Dios; porque Dios es amor. En esto se mostró el amor de Dios para con nosotros, en que Dios envió a su Hijo unigénito al mundo, para que vivamos por él. En esto consiste el amor: no en que nosotros hayamos amado a Dios, sino en que él nos amó a nosotros, y envió a su Hijo en propiciación por nuestros pecados. Amados, si Dios nos ha amado así, debemos también nosotros amarnos unos a otros. Nadie ha visto jamás a Dios. Si nos amamos unos a otros, Dios permanece en nosotros, y su amor se ha perfeccionado en nosotros.

PROFUNDO | Isaías 40:21-31
Romanos 12:9-21
2 Corintios 4:16-18
1 Juan 4:13-21

HABLEMOS DE TI

1. ¿Cuándo fue la última vez que lloraste desesperadamente? ¿De qué se trataba?

2. ¿Por qué crees que es tan difícil celebrar con personas que reciben las mismas bendiciones que tú quieres?

3. ¿Qué es lo que más te desafía de gozarte con los que se gozan y llorar con los que lloran?

4. ¿Cómo has experimentado personalmente la bendición de dar?

5. ¿De qué maneras necesitas convertirte en alguien que celebra mejor y se regocija más con quienes te rodean?

¡En
ACCIÓN! Independientemente de si estás atravesando una temporada de regocijo o de llanto, ¿la bendición de quién puedes celebrar intencionalmente hoy? Piensa en una persona en este momento y escribe su nombre en esta línea:

_____

Ahora, piensa en una forma especial en que puedes celebrar con esta persona hoy (por ejemplo, enviarle una tarjeta divertida, llamarla, comprarle un regalo tierno, etc.). Escribe en esta línea exactamente lo que vas a hacer:

_____

Finalmente, ponte en acción y da este paso para celebrar con esa persona específica dentro de las próximas veinticuatro horas. ¿Lista? ¡Ya!

Gócense
con los que
se gozan
y lloren
con los que
lloran.

Romanos 12:15
(NBLA)

capítulo 10

Cuando la vida
te cambia los planes

"¿Tú y Zack han seguido considerando la opción de adoptar?".

Bethany me preguntó desde el otro lado de la mesa. Era lunes por la mañana, y las dos, junto con nuestra hermana Rebekah, habíamos salido a tomar un divertido desayuno del equipo Girl Defined.

—La verdad es que no hemos hablado de eso recientemente —respondí, llevándome a la boca un bocado de *wafle* delicioso y calentito.

Esta no era la primera vez que surgía el tema de la adopción. Zack y yo habíamos discutido mucho sobre el tema a lo largo de los años, pero el momento nunca parecía el correcto. Nunca veíamos una luz verde al respecto. Habíamos orado sobre ese asunto muchas veces, pero nunca sentimos paz para avanzar.

Como había contado mi historia de infertilidad de manera pública, la pregunta de la adopción surgía todo el tiempo. *¿Han considerado la adopción? ¿Por qué no adoptan? ¡La adopción es una gran alternativa!*

—Para ser sincera —dije, mirando a Bethany y a Rebekah—, simplemente no estoy segura de que la adopción sea el camino correcto para nosotros.

—¿Qué te hace decir eso? —Bethany preguntó con una sonrisa, con genuina curiosidad.

—Bueno, no lo sé… es tan complicado. Y caro… y hay tantas preguntas sin respuesta. Sé que es algo hermoso y todo… pero no estoy segura de que sea el camino correcto para nosotros.

Y luego, de la nada, en medio del restaurante, Bethany se echó a llorar.

Me quedé atónita. *¿Fue algo que dije?*

Rebekah me miró con enormes ojos interrogantes.

¿Qué pasa?

—Lo siento mucho —dijo Bethany en voz baja entre lágrimas—. No sé por qué estoy llorando. He estado pensando mucho en los huérfanos últimamente y en cómo son tan vulnerables e indefensos. No estoy tratando de presionarte para que hagas nada en absoluto. De verdad. Simplemente, me entristece pensar en ello.

Y luego, sin previo aviso, de repente yo también comencé a llorar.

Rebekah estaba doblemente confundida. ¿Qué diablos les estaba pasando a sus dos hermanas mayores? ¡Supuestamente ya habían superado la etapa del hámster y la aspiradora!

Imagina la escena: tres hermanas sentadas en una mesa, dos de las tres llorando. Sin razón aparente. Estoy segura de que el camarero nos estaba evitando.

—¡Yo tampoco sé por qué estoy llorando! —dije mientras me limpiaba las lágrimas con una servilleta—. Me siento muy insegura sobre el futuro. No sé qué hacer.

Rebekah me miró con ojos comprensivos, mientras Bethany se limpiaba un poco de rímel de su mejilla.

—Y para ser totalmente transparente —continué—, la idea de la adopción realmente me asusta. Hay muchos problemas inesperados y posibles desafíos.

Dejando a un lado su plato de tocino y huevos, Bethany me miró desde el otro lado de la mesa con ojos compasivos y me hizo una pregunta que, finalmente, pondría mi vida en un nuevo rumbo.

—¿Crees que el *miedo* es la razón más profunda por la que dudas en considerar la adopción?

El mundo se congeló. Mis pensamientos se arremolinaban a mi alrededor en cámara lenta. En lo profundo de mi corazón, sabía la respuesta a su pregunta.

Sí.

Estaba completamente aterrorizada.

Esta conversación inesperada y entre llantos, ante *wafles* y huevos, expuso algo profundo en mi corazón: *Estaba atrapada por el miedo a lo desconocido.*

Recuerda, soy la chica a la que le gusta hacer cosas dentro de lo predecible. Prefiero una vida segura y libre de riesgos, con todos mis patitos cuidadosamente en fila.

La adopción es lo opuesto a eso.

Por eso me asustaba tanto. Había muchos signos de interrogación en torno a todo el proceso. Tantos obstáculos. Era más fácil simplemente ignorarlo y explorar otras oportunidades. Pero Dios estaba despertando algo en mi corazón.

Regresé a casa ese día, decidida a encontrar el origen de mi miedo. Busqué en Internet libros útiles sobre adopción. Tal vez necesitaba comenzar a crecer en mi comprensión de lo que la Biblia dice acerca de la adopción. Rápidamente, encontré un libro llamado *Adopted for Life: The Priority of Adoption for Christian Families and Churches* [Adoptados de por vida: La prioridad de la adopción para familias e iglesias cristianas] de Russell Moore. Compré la versión del audiolibro y comencé a escucharla de inmediato. Me sentía desesperada por aprender y crecer. Quería descubrir más del corazón de Dios para la adopción. Quería obtener una perspectiva y un marco del evangelio más profundos sobre el tema.

Me puse los auriculares, encendí el audiolibro y me dirigí al patio de mi casa para trabajar un poco. Necesito hacer otras cosas mientras escucho audiolibros. Aún no había terminado la tarea de lavar a presión, así que encendí la hidrolavadora y me puse a trabajar. (Breve confesión entre paréntesis: ahora soy adicta a lavar a presión. Es uno de los proyectos más gratificantes y satisfactorios que puedes hacer. En serio, solo inténtalo. Tu vida cambiará).

Así que, ahí estaba yo, lavando a presión mi patio mientras escuchaba *Adopted for Life*. Durante las siguientes horas, aunque rodeada de agua y barro por todos lados, Dios hizo una obra transformadora en mi corazón. Las convincentes palabras de Russell Moore me abrieron los ojos para ver la adopción desde una perspectiva completamente nueva. Habló sobre los paralelismos que la adopción tiene con el evangelio. Cómo la adopción es una de las imágenes más bellas que tenemos de lo que Dios ha hecho por nosotros. Así como Cristo vino a nuestro mundo, nos rescató, nos cambió el nombre y nos adoptó en su propia familia, tenemos la oportunidad de hacer lo mismo por los demás. Al luchar por los huérfanos, traerlos a nuestras familias y darles nuestro propio nombre, reflejamos a nuestro gran Redentor. Rescatamos a los vulnerables, así como Cristo nos ha rescatado a nosotras.

Mi corazón se estaba enterneciendo.

El temor asfixiante que había residido en mí durante tanto tiempo estaba siendo reemplazado lentamente por algo más poderoso: el *amor*. Como dice 1 Juan 4:18: "En el amor no hay temor, sino que el perfecto amor echa fuera el temor". A medida que avanzaba el día, el miedo que había albergado durante muchos años desaparecía por completo. Esto fue lisa y llanamente una obra de Dios. Mi corazón estaba siendo transformado por la belleza del evangelio de una manera completamente nueva. *Soy aquella huérfana que ha sido rescatada y adoptada por Jesús. ¡Gracias, Señor!*

> El *temor* asfixiante que había residido en mí durante tanto tiempo estaba siendo reemplazado lentamente por algo más poderoso: el *amor*.

Mientras continuaba con mi tarea de lavar a presión, el autor dijo algo que me dejó helada. Fue algo como esto: ¿Qué deseas más: quedar embarazada o ser madre? Porque si lo que más deseas es ser mamá, la adopción es una hermosa oportunidad.

¡Guau!

Se me llenaron los ojos de lágrimas. Me había aferrado a mis sueños de quedar embarazada durante tantos años que no podía ver más allá de ellos. No había hecho espacio en mi corazón para que Dios me mostrara un camino diferente. Para mí, formar una familia siempre había significado dar a luz a hijos biológicos. Pero ¿y si Dios tuviera un plan diferente? Mientras la hidrolavadora continuaba limpiando mi patio, hice una oración silenciosa de rendición: *Señor, si tú quieres que adoptemos, por favor guíanos por el camino correcto. Muéstranos qué hacer. Mi corazón está abierto de par en par. Llévame a donde quieras.*

Durante las siguientes semanas, Zack escuchó el mismo audiolibro que yo había escuchado y se sintió tan impactado como yo. Comenzamos a orar juntos sobre la adopción de una manera más ferviente y enfocada. Le pedimos a nuestras familias que oraran con nosotros. Investigamos docenas de artículos, pódcasts y videos en línea sobre la adopción. A medida que crecía nuestro entendimiento, nuestros corazones se ensanchaban. Después de unos meses, la dirección era muy clara.

Íbamos a adoptar.

Mi corazón estaba lleno de gozo cuando se lo dijimos a nuestros amigos y familiares más cercanos. No podía creer que esto estuviera sucediendo.

Durante las siguientes semanas, nos sentimos impulsados a adoptar internacionalmente y elegimos una agencia de adopción para que nos ayudara en el proceso. Después de aprender más sobre la gran cantidad de huérfanos que había en Ucrania, nos sentimos atraídos a buscar oportunidades de adopción en ese país. Además, teníamos algunas conexiones personales de familiares y amigos en Ucrania, por lo que nuestros corazones se volcaban hacia esa dirección. Dios estaba claramente dirigiendo nuestros pasos.

Sin embargo, la parte más emocionante fue cuando Zack y yo descubrimos que estábamos abiertos a adoptar a más de un niño. Estábamos en nuestra cocina una mañana cuando, casualmente, le lancé la idea a Zack.

—¿Qué piensas acerca de adoptar a más de un niño? —contuve la respiración.

Zack me miró y dijo:

—Honestamente, ¡estaba pensando lo mismo!

¡Guau! Solo Dios.

Al enterarnos de los muchos grupos de hermanos huérfanos en Ucrania, nuestros corazones se conmovieron con compasión y amor por ellos. Le dijimos a nuestra agencia que estábamos abiertos y emocionados de adoptar dos o incluso tres hermanos.

¡El Señor obra de maneras misteriosas!

Sin perder el tiempo, empezamos con el papeleo. Rápidamente comenzamos a llenar los formularios sobre el estudio en el hogar, la capacitación educativa, los formularios del gobierno y más. La pila parecía nunca desaparecer… hasta que finalmente lo logramos. Seis meses después, enviamos con alegría todo nuestro expediente (es decir, una enorme pila de formularios notariados) a Ucrania. Luego esperamos. Pero no tuvimos que esperar mucho. En poco menos de dos meses, recibimos una llamada inesperada de nuestra agencia diciendo que Ucrania había procesado todo nuestro expediente y nos había aprobado para la adopción en su país.

¡Estábamos superemocionados!

Luego, solo unas semanas después, recibimos nuestra invitación oficial y el nombramiento del gobierno ucraniano para viajar a su país. Dos semanas más tarde, estábamos volando a través del Atlántico para encontrarnos con nuestros futuros hijos.

Algo muy particular sobre el proceso de adopción ucraniano es que no le dan a quien va a adoptar ni una referencia sobre el niño o los niños en cuestión, hasta que esté realmente presente para la cita en su país. Así que Zack y yo no teníamos ni idea de a quiénes adoptaríamos en realidad. ¡Como para no tener los nervios de punta!

Dichosamente, nuestro nerviosismo se apaciguaba al recordar cómo la mano de Dios había estado tan claramente presente en cada parte de nuestro proceso de adopción. Podíamos confiar en su guía. Confiábamos en que Él nos uniría con los niños que Él había asignado para nuestra familia.

Y lo hizo.

El 25 de febrero de 2021, nos presentaron dos preciosos hermanos, de diez y seis años.

Nunca olvidaré el momento en que los vi por primera vez en su orfanato. Sin dudarlo, corrieron directamente hacia Zack y hacia mí, y nos saludaron con la alegría y las sonrisas más entusiastas. Mis temores en cuanto a si me "conectaría" con ellos se desvanecieron en el momento en que envolvieron sus pequeños brazos alrededor de mí en un gran abrazo. ¡Estaba en serios problemas!

Pasamos dos días maravillosos con ellos, simplemente compartiendo tiempo juntos y conociéndonos. A pesar de que solo hablaban ruso y nosotros solo hablábamos inglés, nos volvimos expertos en gestos de manos y expresiones faciales. Compartimos un tiempo increíble y unas buenas carcajadas.

La parte más difícil fue separarnos. El proceso de Ucrania requiere que se presenten un montón de documentos adicionales después del primer encuentro. Por eso, volamos de regreso a Texas para esperar pacientemente nuestra segunda invitación.

Cuatro semanas después, estábamos de nuevo en un avión para finalmente recoger a nuestros hijos en Ucrania.

De pie ante un juez ucraniano con nuestros hijos a nuestro lado, pronunciamos las palabras que legalizarían la adopción para siempre. En un momento eran huérfanos, y al momento siguiente eran nuestros hijos.

¡Qué reflejo tan asombroso del evangelio!

Regresar a casa en Estados Unidos con ellos es uno de los recuerdos más dulces de toda mi vida, y lo atesoraré para siempre. Están en casa. Y realmente amo a estos niños más que a la vida misma. Dios es muy bueno. ¡Qué regalo!

Mientras examino el paisaje de mi vida hoy (LEGOS y balas de goma de *Nerf* por todos lados), no puedo evitar sonreír.

Un desvío ordenado por Dios

Zack y yo no habíamos propuesto escribir nuestra historia de esta manera. Esta no es la vida con la que habíamos soñado originalmente, pero es mejor que cualquier cosa que pudiéramos haber imaginado. La realidad de pasar de cero niños a dos nos hace reír y sacudir la cabeza con asombro. Nuestras familias bromean con nosotros, porque ya era hora de que experimentáramos dedos meñiques pegajosos en nuestras paredes blancas y chicles en los asientos de nuestro automóvil. Zack sigue firme en no permitir comida en su camioneta... pero veremos cuánto dura eso.

En medio de este hermoso pero alocado cambio de dirección en la vida, me encontré con una poderosa cita de Elisabeth Elliot que resonó profundamente en mí. Ella dijo:

Algunas de las misericordias más grandes de Dios están en sus rechazos.[9]

A veces Dios dice que no a una cosa para poder decir que sí a otra, algo que ni siquiera puedes ver en tu horizonte, algo que ni siquiera puedes imaginar.

> **A veces Dios dice que *no* a una cosa para poder decir que *sí* a otra.**

No sé qué piensas, pero por lo general, en esta vida considero las puertas cerradas y los desvíos como cosas negativas. Cuando nuestras oraciones, aparentemente, no tienen respuesta o cuando se nos escapan las oportunidades, es natural interpretarlo como un problema y un trastorno para nuestros planes. ¿Alguna vez te has sentido así? Pero ¿qué si Dios está haciendo algo más grande en los "rechazos"? ¿Qué pasa si Dios está diciendo "no" a algo ahora, porque quiere decir "sí" a algo más tarde?

Al pensar más en esto, me di cuenta de que había caído en una trampa en la que muchas mujeres caen. Había estado viendo las puertas cerradas y los desvíos en la historia de mi vida como la segunda mejor opción. En mi mente, el objetivo definitivo era casarme, tener hijos biológicos y vivir una vida perfecta enmarcada con un eterno arcoíris. Ese era mi objetivo. Por lo tanto, cuando mi historia dio algunos giros inesperados, inconscientemente los vi como obstáculos para mis sueños. Eran obstrucciones que se interponían en el camino

---

9. Elisabeth Elliot, "The Prayer of Faith: God's Refusals are His Mercies", en el programa de radio *Gateway to Joy*, 13 de junio de 1989, consultado el 6 de enero de 2021, https://elisabethelliot.org/resource-library/gateway-to-joy/the-prayer-of-faith-gods-refusals-are-his-mercies/.

de mi futuro. Eran desvíos molestos que me impedían llegar a mi mejor destino.

Pero ¿y si esta ruta no fuera un desvío?

¿Qué pasa si tu ruta de vida actual no es un desvío?

¿Qué pasa si esta ruta es, en realidad, el mejor camino de Dios para tu vida?

¿Qué pasa si *este viaje* es la vida que Dios te está llamando a vivir para su gloria?

Mientras reflexionaba sobre estas preguntas, descubrí algo.

Me di cuenta de que había tenido problemas para aceptar plenamente la historia de Dios para mi vida, porque estaba viendo todo a través de la lente de "lo que debería haber sido". *Mi vida debería haber resultado de esta manera. Mi vida debería verse diferente. Debería haber llegado más lejos.* ¿Alguna vez te has sentido así? Pero la realidad es que no sostenemos la pluma de nuestra historia de vida. Dios la tiene. Y la historia que siempre hemos imaginado no es necesariamente la que Él planeó para nosotras. Romanos 11:33 nos recuerda que los caminos de Dios son verdaderamente misteriosos: "¡Oh profundidad de las riquezas de la sabiduría y de la ciencia de Dios! ¡Cuán insondables son sus juicios, e inescrutables sus caminos!".

Mi vida no se estaba descarrilando; estaba justo dentro del carril de Dios. Y la tuya también.

A lo largo de los años, he visto a muchas mujeres caer en la misma trampa en la que yo caí. Sus vidas no estaban resultando de la manera que esperaban, y tenían dificultades para florecer a plenitud en su realidad. Para una de mis amigas, la soltería se estaba prolongando por mucho tiempo, por lo que veía esa temporada de su vida como una zona de espera. El sueño de otra amiga de servir como misionera en el extranjero fracasó, y como consecuencia, consideraba que su vida espiritual no tenía propósito alguno. Otra amiga perdió a uno de sus padres a causa del cáncer, y su vida se llenó de pesimismo. Estas pérdidas y desilusiones son extremadamente difíciles, pero ¿qué si Dios está tejiendo estas temporadas de dolor en un hermoso tapiz que es más grande de lo que puedes ver? ¿Qué pasa si estos desvíos en tu plan son parte del plan mayor de Dios para tu vida?

Al considerar tu propia vida, ¿con qué obstáculos te has encontrado? ¿Qué giros inesperados ha tomado?

Aceptar el plan de Dios

Al luchar con esto en mi propia vida, me he dado cuenta de que el temor y el orgullo generaban en mí una resistencia hacia la historia de Dios para mí. Sentía temor de un futuro desconocido y tenía demasiado orgullo como para entregarle mis planes a Dios. Si te encuentras en un lugar similar de resistencia, quiero compartir algunas verdades bíblicas que me ayudaron mucho en este proceso. Dios usó estas verdades para cambiar mi corazón y recibir la nueva dirección que Él tenía para mí. Tal vez también sean las verdades que tu corazón necesita. Con el fin de aceptar plenamente el plan imprevisto de Dios para nuestras vidas, tenemos que hacer algunas cosas bien.

I. Sé humilde ante Dios.

Humillarnos ante Dios es una parte fundamental de la vida cristiana. Es una postura del corazón que dice: *Dios, tú sabes más que yo. Que se haga tu voluntad en mi vida.* El conocido "Padre Nuestro" de Mateo 6 nos enseña a orar: "Venga tu reino. Hágase tu voluntad..." (v. 10). Esta es una oración de humilde entrega a Dios. Debemos soltar el control y rendir la historia de nuestras vidas al cuidado soberano de Dios. Debemos humillarnos ante Él y reconocer que Él sabe lo que hace.

2. Elige la confianza sobre el temor.

Cuando tenemos temor acerca de las circunstancias de nuestra vida, no estamos confiando plenamente en Dios. Pero cuando confiamos en Él, ya no le temeremos a nuestras circunstancias. Proverbios 29:25 dice: "El temor del hombre pondrá lazo; mas el que confía en Jehová será exaltado". Cuando somos guiadas por el miedo, este se convierte en una trampa paralizante en nuestras vidas. Nos impide seguir a Dios de todo corazón. Pero cuando elegimos confiar plenamente en Dios, encontramos seguridad. Él nos da el poder de dar pasos con confianza y en fe, sabiendo que está con nosotros.

3. Sigue su dirección.

Seguir a Dios es fácil cuando Él nos guía a donde queremos ir. Pero ¿qué pasa cuando Él nos lleva a donde no queremos ir? Aquí es donde entra en juego la fe. Por fe, seguimos la guía de Dios en nuestras vidas, incluso cuando no tenemos todas las respuestas. Es posible que aún no tengamos todos los detalles claros. Y eso está bien. Dios sí lo tiene claro. Por fe, damos un paso a la vez, confiando en que Él nos dará lo que necesitamos para la dirección hacia la que nos está guiando. Como nos recuerda el Salmo 37:23, "Por Jehová son ordenados los pasos del hombre, y él aprueba su camino".

Los desvíos en nuestros sueños y planes son difíciles, pero cuando nos humillamos, elegimos la confianza sobre el miedo y seguimos a Dios por fe, podemos avanzar con seguridad.

El futuro puede ser desconocido para nosotras, pero es muy claro para Él. Los desvíos no tienen por qué ser perjudiciales.

Al mirar a lo largo de la Biblia, vemos desvío tras desvío en las vidas de muchas mujeres. Uno de los desvíos más inesperados fue, probablemente, el que le sucedió a María, la madre de Jesús. Comprometida con José, seguro imaginaba que su vida sería bastante normal.

Pero no fue así.

De la nada, un ángel del Señor la visitó y le dijo que iba a concebir y dar a luz sobrenaturalmente al Salvador del mundo.

Ejem, ¿que yo qué?

¡Ese sí que era un desvío! Pero ¿cómo respondió María? Ella no se enojó con Dios por interrumpir sus planes y sueños. No permitió que el miedo abrumara sus emociones. No exigió un plan de cinco años. En cambio, eligió humillarse bajo la mano soberana de Dios y decir: "He aquí la sierva del Señor; hágase conmigo conforme a tu palabra" (Lucas 1:38).

Ese es un ejemplo perfecto de lo que significa aceptar el desvío inesperado de Dios para tu vida.

La humilde respuesta de María es un poderoso testimonio para nosotras como mujeres modernas de hoy. Aunque es probable que fuera una adolescente, su fe y confianza estaban ancladas en el Señor. Ella aceptó el desvío de Dios y le confió el resultado de su vida.

Dios nos está llamando a confiar en Él de la misma manera.

Mientras escribo estas palabras en este momento, Zack y yo estamos literalmente tratando de descubrir cómo ser padres de nuestros dos niños llenos de energía y en pleno crecimiento. Te contaré un pequeño secreto. ¡No sé lo que estoy haciendo! Pero, felizmente, tengo mucho apoyo. Al sentarme en el patio y ver a mis hijos correr por el césped con su perro, me sorprenden la gracia y la bondad de Dios para bendecirme con estos regalos tan tiernos.

Dios siempre tuvo un plan. Simplemente, era distinto que el mío. Y estoy muy agradecida por eso. Como Proverbios 19:21 me recuerda a menudo: "Muchos pensamientos hay en el corazón del hombre; mas el consejo de Jehová permanecerá".

Hermana, Dios siempre está obrando, incluso cuando no puedes verlo. Él está entrelazando las partes buenas, malas, duras y hermosas de tu historia para un propósito mayor. Nunca imaginé que Dios usaría mis abortos espontáneos y anhelos de maternidad para guiarme por el camino de la adopción internacional. Pero lo hizo. Él veía el principio desde el final, y tenía un plan. Él también está haciendo lo mismo en tu vida. Está trabajando. Elige seguirlo. Elige confiar en Él. Elige amarlo.

Que podamos ser una generación de mujeres cristianas modernas que, valientemente, confiamos en Dios para que escriba nuestras historias de vida, mientras nos tomamos de las manos y decimos:

He aquí la sierva del Señor; hágase conmigo conforme a tu palabra (Lucas 1:38).

Reflexiona

> Dios siempre está obrando, incluso cuando no puedes verlo. Él está entrelazando las partes buenas, malas, duras y hermosas de tu historia para un propósito mayor.

Recuerda

✴ La historia de tu vida está en manos del Creador de este mundo.

✴ Dios ve el principio desde el final y está obrando todas las cosas para tu bien y para su gloria.

✴ ¿Qué pasa si Dios te está diciendo que no a algo ahora, porque quiere decirte que sí a algo más tarde?

✴ Unámonos con María para decir: "He aquí la sierva del Señor; hágase conmigo conforme a tu palabra".

ABRE TU CORAZÓN

Querido Señor:

Te necesito. Oh, ¡cómo te necesito! Soy débil y rápida para enojarme cuando la vida no resulta de la manera que esperaba. Te confieso que es muy difícil para mí confiar en ti respecto a la dirección de mi futuro. Conoces mis sueños y anhelos, y sé que tu tiempo es perfecto…, pero me cuesta aceptar tu plan. Ayúdame. Fortaléceme. Cultiva en mí un corazón humilde como el de María, deseoso de aceptar tu voluntad. Ayúdame a abrazar la vida que tienes para mí en este momento, en lugar de esperar a que llegue una temporada diferente. ¡Tú eres un Padre amoroso, y tu plan es mucho más grande que el mío! Gracias por interesarte por mi vida. Ayúdame a ver las formas únicas en que puedo servirte y construir tu reino hoy.

Amén.

- -

Considera

——— Lucas 1:26-38 (NBLA) ———

Al sexto mes, el ángel Gabriel fue enviado por Dios a una ciudad de Galilea llamada Nazaret, a una virgen comprometida para casarse con un hombre que se llamaba José, de los descendientes de David; y el nombre de la virgen era María. Y entrando el *ángel*, le dijo: «¡Salve, muy favorecida! El Señor está contigo; bendita eres tú entre las mujeres».

Ella se turbó mucho por estas palabras, y se preguntaba qué clase de saludo sería este. Y el ángel le dijo: «No temas, María, porque has hallado gracia delante de Dios. Concebirás en tu seno y darás a luz un Hijo, y le pondrás por nombre Jesús. Este será grande y será llamado Hijo del Altísimo, y el Señor Dios le dará el trono de Su padre David; y reinará sobre la casa de Jacob para siempre, y Su reino no tendrá fin».

Entonces María dijo al ángel: «¿Cómo será esto, puesto que soy virgen?». El ángel le respondió: «El Espíritu Santo vendrá sobre ti, y el poder del Altísimo te cubrirá con su sombra; por eso el Niño que nacerá será llamado Hijo de Dios. Tu parienta Elisabet en su vejez también ha concebido un hijo; y este es el sexto mes para ella, la que llamaban estéril. Porque ninguna cosa será imposible para Dios». Entonces María dijo: «Aquí tienes a la sierva del Señor; hágase conmigo conforme a tu palabra». Y el ángel se fue de su presencia.

$\mathcal{M}ás$
PROFUNDO | Job 40:1-24
Salmo 20:7
Salmo 91:1-16
Jeremías 17:7-8

HABLEMOS DE TI

1. ¿Cómo responderías si de repente se te apareciera un ángel, como a María, con noticias sobre tu futuro que te cambiarán la vida?

2. ¿Qué giros inesperados e imprevistos ha tomado tu vida hasta ahora? (Incluso los pequeños).

3. ¿De qué manera te encuentras luchando por aceptar ciertas partes de la historia de tu vida, que pensaste que resultarían diferentes?

4. ¿Qué te resulta alentador acerca de la respuesta humilde de María en Lucas 1:38?

5. ¿Qué áreas de la historia de tu vida has tenido dificultad para rendirlas completamente y depositar tu confianza en Dios?

¡En **ACCIÓN!** Toma una hoja y un bolígrafo. Dibuja una línea recta en el centro de tu hoja. En la parte superior del lado izquierdo, escribe "anhelos", y en la parte superior del lado derecho, escribe "oportunidades". Ahora, comenzando con el lado izquierdo, toma unos minutos para hacer una lluvia de ideas y escribir cada anhelo insatisfecho que tengas en este momento (por ejemplo, más amigos, novio, matrimonio, trabajo, mejor salud, etc.). A continuación, en el lado derecho del papel, escribe cada bendición y oportunidad que tengas en este momento (por ejemplo, amigos, salud, capacidad de aprender, la Palabra de Dios, etc.).

Finalmente, dedica unos minutos a orar por cada lado de tu hoja. Para el lado izquierdo, ora y pídele a Dios que te dé un corazón de confianza y entrega en cada una de esas áreas. Para el lado derecho, agradece a Dios por cada una de las bendiciones y oportunidades que tienes, y pídele que te ayude a valorarlas plenamente en este momento.

He aquí la
sierva del
Señor; hágase
conmigo
conforme
a tu *palabra*

Lucas 1:38

capítulo 11

Aprecia la belleza
de tu historia

Era un día de San Valentín perfecto. Yo (Bethany) tenía todo lo que mi corazón deseaba y un poco más. Caminaba de la mano de mi apuesto esposo por el restaurante iluminado a la luz de las velas. El camarero nos acompañó a nuestra mesa de la esquina. Nos sentamos y nos miramos el uno al otro. Ambos sabíamos lo que se avecinaba. Miré a mi esposo con una mezcla de nervios y emoción, y le dije: "¡Llegó el día! Este es nuestro último día de San Valentín solos. ¡El próximo año nuestro dulce bebé, Davey Jr., estará con nosotros! Nuestra familia está a punto de cambiar para siempre".

Ni nos imaginábamos que nuestra familia estaba por cambiar tan pronto como esa misma noche.

A pesar de que estaba embarazada de nueve meses y me sentía como una ballena recostada en la playa, disfrutamos cada minuto de nuestra romántica velada. Recordamos el día de nuestra boda. Nos reímos de los nervios que habíamos tenido en nuestra primera cita. Y nos asombramos de todo lo que Dios había hecho en nuestro corto año y medio de matrimonio. Dios nos había bendecido al uno con el otro, y eso era más de lo que cualquiera de nosotros podría haber pedido. Dios sabía lo que estaba haciendo cuando escribió nuestras historias de vida. Su plan para nosotros era mucho mejor que la historia que hubiéramos escrito, de haber tenido el control de la pluma.

Salimos del restaurante satisfechos y felices.

Nos quedaba el resto de la noche para disfrutar. Teníamos helado en nuestro congelador y regalos listos para abrir. Salimos del restaurante y nos dirigimos a casa. Mientras conducíamos, comencé a sentir algunos dolores en mi vientre. Me sentía diferente. *Esto no puede ser* —pensé—. *Estoy segura de que son solo contracciones de Braxton Hicks. Estoy segura de que no hay nada de qué preocuparse.*

En el momento en que llegamos a casa, tuve una contracción muy fuerte. ¿Será que el bistec me puede precipitar el parto? Miré a David con una mirada que solo una esposa muy embarazada a punto de entrar en trabajo de parto puede hacerle a su esposo.

Él se dio cuenta.

Yo no le dije una sola palabra.

Durante la hora siguiente, yo trataba de distraerme, y David nervioso tomaba el tiempo entre las contracciones. Las cosas parecían estar progresando extremadamente rápido, en especial teniendo en cuenta que esta era la primera vez que daba a luz. Había escuchado que el primer trabajo de parto suele ser lento. Pero lo que estaba sucediendo dentro de mí no parecía nada lento. Acordamos que David llamara a la partera para que nos diera su opinión. Nuestra partera escuchó atentamente todo lo que le dijimos y nos pidió que la volviéramos a llamar en una hora con una actualización.

La próxima hora pasó volando. Las contracciones avanzaban con rapidez. David saltó al teléfono y le dio a mi partera otra actualización. Todo el tiempo que estuvo hablando por teléfono, seguí diciéndome a mí misma que seguro estaba siendo dramática. Había escuchado una y otra vez que las madres primerizas a menudo están ansiosas y confunden las fuertes contracciones de Braxton Hicks con las reales. Mi partera sabía más que yo. Hizo las maletas y salió. En menos de treinta minutos, ella y su equipo ya estaban en nuestro hogar.

La llegada de mi partera trajo una gran sensación de paz. Los profesionales estaban presentes, y yo podía descansar sabiendo que estaban listos para ayudarme con el trabajo de parto, y a tener el parto de mis sueños en la comodidad de mi propia casa. Sin dudarlo, las matronas entraron en acción. Inmediatamente, me examinaron para verificar mi progreso.

Después de unos minutos de evaluar la situación, mi partera me dio la mejor noticia del mundo entero. "Amiga, tienes ocho centímetros de dilatación. ¡Vas a tener un bebé esta misma noche!".

¡Oh, qué alivio para mi corazón! Había llegado el momento. Estaba a punto de conocer a mi dulce bebé.

A partir de ese instante, mi trabajo de parto avanzó a toda velocidad.

Después de dos horas más de intensas contracciones, di a luz al bebé más hermoso del mundo. Era precioso. David y yo nos recostamos juntos en nuestra cama con el tierno y pequeño Davey Jr. en nuestros brazos. El trabajo de parto ya había terminado. Nuestro bebé estaba aquí. Davey Jr. fue el mejor regalo de San Valentín que podríamos haber pedido.

Y luego llegó el segundo día de la maternidad.

A menudo he escuchado decir que las primeras doce semanas de vida de tu bebé se consideran tu cuarto trimestre. No entendía completamente qué quería decir eso hasta que lo viví. El trabajo de parto y el parto terminaron siendo la parte fácil.

El posparto me destrozó física y emocionalmente.

Me convertí en el mayor desastre que alguna vez hayas visto. Las hormonas del posparto son algo serio. Alabado sea el Señor, tuve un esposo amoroso y una familia increíble que estuvieron allí conmigo en cada paso del camino. Cada café con leche que recibía de regalo era como la mañana de Navidad.

Los meses después del nacimiento de Davey resultaron ser algunos de los meses más difíciles de toda mi vida. Experimenté más dolor físico y problemas de recuperación de los que creía que fueran posibles. Mi confianza en Dios fue probada de maneras enormes. Me preguntaba si la vida volvería a ser alegre y emocionante. Me preguntaba si mi cuerpo alguna vez podría recuperarse. Me preguntaba si Davey Jr. alguna vez se prendería correctamente para poder amamantarlo. Me preguntaba si tendría que disponer de un extractor de leche por el resto de la eternidad. Me preguntaba si alguna vez podría usar el baño sin experimentar un dolor insoportable (hemorroides, ¿te suena?). Me preguntaba si alguna vez volvería a dormir.

Durante ese cuarto trimestre, Dios estaba haciendo una obra en mi corazón. Me volvió a enseñar las mismas lecciones que me había estado enseñando a lo largo de toda mi vida. Así como Él fue fiel en mi soltería, Él sería fiel en estos primeros días de la maternidad.

Sin embargo, sin afán de mentir, la tentación de comparar mi vida (mis habilidades maternales, mi progreso posparto, mi cuerpo) con la de otras madres era un tormento constante. Parecía que había un estándar específico para las nuevas mamás, pero a menudo sentía que era un fracaso total. Ni siquiera estaba cerca de estar a la altura del estándar "ideal" de maternidad que veía en las redes sociales.

Recuerdo un caso particular de comparación que me dejó especialmente desanimada. Fue después de otro intento fallido de amamantar. Decidí enviarle un mensaje de texto a algunas amigas para preguntarles sobre sus experiencias. Recuerdo sentirme desanimada al comparar cada pequeño detalle de mi difícil proceso con sus historias aparentemente libres de problemas. Parecía como si en cada lugar al que me dirigía, había alguien o algún artículo que decía la forma correcta de hacer las cosas. La forma correcta de ser mamá.

En esos momentos de comparación y preocupación, mi esposo amoroso me recordaba con ternura que mantuviera mis ojos en alto y en mi Salvador. Esta nueva etapa de la vida no se trataba de ganarme el premio a la mejor mamá o hacerlo mejor que nadie. No se trataba de comparar mis circunstancias con las de mis amigas, hermanas o desconocidas en línea. Dios no me estaba llamando a vivir la vida de nadie más. Él me estaba llamando a correr en mi carril y vivir mi vida para su gloria. Me ha dado a mi esposo y a mi hijo por una razón.

Él no quiere que me compare, sino que ofrezca mi vida y ame a los que me rodean.

Dios me estaba recordando que mirara hacia adelante y me enfocara en Él, en lugar de mirar a mi izquierda o a mi derecha.

Amiga, dejemos de lado la comparación

Soy la primera en admitir que tengo la medalla de oro en todo este juego de la comparación. Tengo cuatro hermanas y varias cuñadas, así que hay oportunidades infinitas de comparar. Cada una de nosotras tiene su propia personalidad, sus dones, talentos, fortalezas y debilidades particulares. Y, ¡ni hablar de todas las diferencias físicas! Todas estamos entrando en diferentes etapas de la vida, atravesando altibajos y alcanzando distintos logros.

Kristen y yo somos las más cercanas en edad (con menos de dos años de diferencia), lo que hace que la trampa de la comparación sea aún más frecuente. Como ya has leído en capítulos anteriores, ambas hemos pasado por temporadas en las que cada una tenía lo que la otra quería. Kristen se casó, y yo me quedé soltera. Luego me casé y tuve un bebé, pero Kristen se quedó sin un bebé. Un coctel perfecto para la comparación.

¿Luchamos con la comparación? Absolutamente.

¿Luchamos con los celos? Seguro que sí.

¿Luchamos con el enojo? Sí.

Aunque ambas hemos luchado de diferentes maneras y en diferentes momentos, la respuesta para superar la trampa de la comparación siempre ha sido la misma. *Confiar en Dios y ofrecer nuestra vida a los demás.* Cuanto más cada una se enfocaba en amar y servir a los demás, menos luchábamos con la comparación. Cuanto más aceptábamos el camino específico de Dios para nuestras vidas, más lográbamos mantenernos en el carril que Él nos había asignado.

Estoy segura de que has lidiado, o incluso estás lidiando, con tu propia trampa de la comparación. Tal vez con una hermana, una prima o una amiga. Tal vez estés tentada a compararte con esa *influencer* impecable de las redes sociales. O tal vez con esa compañera de trabajo exitosa que, constantemente, parece estar dos pasos por delante de ti. (*¿No puede renunciar ya?*). Ninguna de nosotras puede escapar al hecho de que siempre habrá personas a nuestro alrededor que viven la vida que deseamos. Lo que significa que siempre habrá oportunidades para la comparación.

La buena noticia es que el éxito (según la Biblia) no se trata de competir con los que nos rodean. No se trata de compararnos ni sentirnos orgullosas de ser mejores que la hermana de al lado. Para nada. La vida cristiana se trata de correr la carrera individual que Dios ha puesto ante nosotras.

> Por tanto, nosotros también, teniendo en derredor nuestro tan grande nube de testigos, despojémonos de todo peso y del pecado que nos asedia, y corramos con paciencia la carrera que tenemos por delante, puestos los ojos en Jesús, el autor y consumador de la fe, el cual por el gozo puesto delante de él sufrió la cruz, menospreciando el oprobio, y se sentó a la diestra del trono de Dios (Hebreos 12:1-2).

¿Ves las palabras que aparecen en medio del pasaje? *"Puestos los ojos en Jesús…"*.

Eso es todo. Esa es la clave para derrotar la comparación. Es correr la carrera que Dios ha puesto delante de *ti*. No la carrera que Él ha establecido para tu hermana, tu compañera de trabajo o tu mejor amiga. Es *mirar a Jesús* y recordar que Él es tu razón de vida. Jesús nos dejó este ejemplo al venir a la tierra y llevar a cabo su propósito. Fue a la cruz porque sabía que ese era el llamado que Dios tenía para Él. Corrió la carrera que tenía por delante y mantuvo sus ojos en Dios. Él es el ejemplo perfecto de lo que significa correr la carrera que tenemos ante nosotras.

Cada vez que nosotras (Kristen y Bethany) nos encontramos luchando con la comparación, disminuimos la velocidad y recordamos el ejemplo de Jesús. Él corrió la carrera que tenía por delante y nunca se comparó. Tenemos que hacer lo mismo. Cuanto más mantengamos nuestros ojos en Él, más abrazaremos fielmente el camino único que tiene para nosotras.

> Dios quiere usarte para darle *gloria* a Él de maneras que tu amiga no puede hacerlo.

Algo más para tener en cuenta: no somos la competencia de las demás. *¡Dilo en voz alta para la hermana en la parte de atrás!* Amiga, no estamos diseñadas para pelear entre nosotras. Somos, como describe 1 Corintios 12, el Cuerpo de Cristo. Cada una de nosotras posee un don único para amar y servir de diferentes maneras. Ya conoces la analogía. ¿De qué serviría un cuerpo si cada parte quisiera ser el ojo, o la pierna, o el dedo del pie, o el ombligo? El cuerpo no sería un cuerpo; sería solo esa parte. Imagínate qué cuerpo más inútil si cada parte fuera el dedo gordo del pie. ¡Sin ofender a los dedos gordos de los pies!

Tú representas un aspecto único del Cuerpo de Cristo. Dios quiere usarte para darle gloria a Él de maneras que tu amiga no puede hacerlo. De maneras que tu hermana no puede hacerlo. Él te está llamando a amar a las personas como solo tú puedes hacerlo.

Cuando nuestros ojos están puestos en Jesús, no hay lugar para la comparación.

Las dos pensamos que sería realmente alentador que puedas echarles un vistazo a las vidas íntimas de nuestras tres hermanas menores. Cada historia es diferente. Aunque somos hermanas, está claro que Dios tiene un plan único para cada una. A lo largo de los años, ha sido muy bueno celebrar nuestras diferencias y alentarnos unas a otras. Somos una hermandad literal. En lugar de compararnos y luchar entre nosotras, elegimos celebrar y disfrutar los recorridos únicos que Dios tiene para cada una.

La historia de Ellissa

Nuestra hermana Ellissa es seis años menor que Kristen y cuatro años menor que yo. Cuando estábamos en nuestra etapa de preadolescencia y adolescencia, la brecha de edad parecía una eternidad. Ahora se siente como nada.

Ellissa siempre ha tenido un corazón para las misiones. Desde que tenemos memoria, ella ha tenido una pasión por los huérfanos, China y llegar a los perdidos con las buenas nuevas de Jesús. Dios ha usado esas pasiones únicas en la vida de Ellissa para hacer algunas cosas increíbles. Después de que Ellissa se graduó de la escuela secundaria, tuvo la oportunidad de pasar varios veranos en China sirviendo en el cuidado de huérfanos. Su amor y pasión por los huérfanos tendrán un impacto por años en esos dulces niños. Y Dios continuará usando la inversión que ella ha hecho de maneras que nunca logrará comprender hasta que llegue al cielo.

No obstante, Ellissa nunca podría haber imaginado lo que Dios iba a hacer con su vida en el futuro.

Ella no tenía ni idea de que Dios estaba preparando a un increíble hombre ucraniano para ser su futuro esposo, pero eso es lo que sucedió. Por medio de la rama misionera de su iglesia, Ellissa conoció a un joven piadoso y apuesto llamado Andrii. Lo que parecía una circunstancia imposible se convirtió en una hermosa relación de citas a larga distancia. Aunque los desafíos de vivir a miles de kilómetros y tener grandes diferencias culturales y barreras lingüísticas ciertamente existían, los dos persistieron. Las citas se convirtieron en compromiso, y el compromiso finalmente se convirtió en matrimonio. Nuestra dulce hermana menor ahora vive en Ucrania junto con su esposo, Andrii. Pasan sus días como misioneros de tiempo completo, amando al pueblo de Ucrania y ministrando cada vez que tienen oportunidad de hacerlo.

¡Qué historia! Y es solo el comienzo.

¿Crees que Ellissa habría escrito alguna vez esta historia para su vida? Imposible. Casarse con un hombre de Ucrania y mudarse al otro lado del mundo no era parte de su plan. Probablemente, nunca imaginó que tendría futuros hijos (si Dios quiere) que crecerían hablando ucraniano. Felizmente, Ellissa eligió mirar a Jesús y confiar en Él. Ella puso Proverbios 3:5-6 en acción y permitió que Dios dirigiera su camino. ¿Fue por momentos aterrador? Por supuesto que sí. ¿Vale la pena? Ciento cincuenta millones por ciento.

Dios tampoco ha terminado con la historia de Ellissa. Él ha dispuesto una carrera única para ella y para Andrii. Nosotras dos estamos emocionadas de poder alentar a nuestra hermana y celebrar el hermoso camino que Dios la ha llamado a transitar.

La historia de Rebekah

Rebekah es nuestra dulce hermana de cabello rizado. Es doce años más joven que Kristen y diez años más joven que yo. Aunque nosotras dos le llevamos más de una década, hemos mantenido una amistad increíblemente cercana con ella. Nos ha encantado verla crecer y florecer en una hermosa joven.

Rebekah es proactiva; es una chica organizada con la que puedes contar para llevar a cabo cualquier tarea. En los últimos años, ha elegido dedicar su tiempo a invertirlo en la próxima generación. Aunque ella misma era solo una adolescente cuando comenzó a ser mentora de mujeres más jóvenes, no dejó que su corta edad le impidiera buscar oportunidades de discipulado. Ella mantuvo sus ojos en Jesús y se comprometió a vivir plenamente justo donde Dios la tenía. Siempre ha sido el tipo de chica que ejemplifica 1 Timoteo 4:12, que dice: "Ninguno tenga en poco tu juventud, sino sé ejemplo de los creyentes en palabra, conducta, amor, espíritu, fe y pureza".

Mientras Rebekah tomaba clases universitarias, decidió usar el poco tiempo libre que le quedaba para ser voluntaria de Girl Defined Ministries como pasante. Ella hacía cualquier trabajo que tuviera que hacer (aunque no fuera glamuroso; embalaje y envío, ¿te suena?). Después de graduarse de la universidad, comenzó oficialmente a trabajar para el ministerio como miembro del equipo, en toda la extensión de la palabra. En los últimos años, ha asumido el papel de coordinadora de conferencias, gerente de tienda, directora de relaciones con donantes y más. Ha estado a la altura del reto y ha confiado en Dios para recibir su gracia y las fuerzas necesarias para hacer bien el trabajo. Ha elegido no comparar su vida con quienes la rodean, sino más bien enfocarse en correr la carrera que Dios le ha puesto por delante.

Si alguna vez te has preguntado si Dios puede usar a una mujer joven para hacer un gran impacto, la historia de Rebekah es una prueba de ello. Permite que su historia te inspire a mantener tus ojos en Jesús y a correr fielmente la carrera que tienes por delante.

La historia de Suzanna

La dulce bebé de nuestra familia. Así es. Suzanna es la pequeña bebé de la familia (bueno, no tan pequeña con 1.80 m de altura). Es la muchacha más vivaz, alegre y expresiva que puedas conocer; el alma de la fiesta. Ella es confeti envuelto en una persona. Si alguna vez te sientes deprimido, solo invita a Sue y estarás sonriendo antes de que te des cuenta.

Sue es el tipo de jovencita que pone su corazón en todo lo que hace. Si invita a sus amigos, los hace sentir superamados. Si está trabajando en un proyecto de arte, le da el ciento diez por ciento. Lo que sea que decida hacer, lo hace bien. Sue también ha sido bendecida con casi todo el talento artístico de nuestra familia. Ella puede pintar o dibujar las imágenes más bellas y detalladas. Sin embargo, en lugar de usar solo sus talentos para el avance personal, Sue ha elegido usarlos para servir a los demás. Ha bendecido a mucha gente con retratos familiares personalizados, carteles de cumpleaños increíblemente bonitos y hasta tarjetas pintadas a mano.

No hay duda de que Dios tiene obras asombrosas reservadas para ella. Kristen y yo estamos ansiosas por ver lo que Dios hace con sus talentos. Ah, ¿y mencionamos que ella también se ha unido al equipo de Girl Defined Ministries? Ella es nuestra diseñadora principal y gerente de redes sociales, lo cual es bastante sorprendente teniendo en cuenta que solo es una adolescente y apenas se ha graduado de la escuela secundaria. Ella ha sido una gran bendición para el ministerio. Su estímulo espiritual por medio de obras de arte ha llegado a miles de jovencitas de todo el mundo. Ella tiene un don que permanece en el tiempo.

Sue es una inspiración. Ella se enfoca en usar su vida para glorificar a Dios e invierte sus talentos en servir a las personas. Ella se esfuerza por correr su carrera y mantiene sus ojos en Jesús. ¿No es genial? Creemos que es bastante asombroso para una adolescente.

Tu historia

Este es tu espacio. Esta es tu historia. Si yo (Bethany) escribiera lo que has hecho con tu vida hasta este momento, ¿qué escribiría? ¿Podría decir que has elegido correr la carrera que Dios te ha asignado y que estás usando tu tiempo, talentos y energía para su gloria? ¿Podría decir que estás mirando a Jesús? ¿Que no estás comparando tu vida con la de quienes te rodean, sino que estás floreciendo como solo tú puedes hacerlo con la vida que Dios te ha dado?

Si en algo te pareces a mí, probablemente luches en esta área. En especial, teniendo en cuenta el mundo altamente mediático en el que vivimos hoy. Es muy fácil entrar en las redes sociales y compararnos con los "aspectos más destacados" de la vida de miles de personas de todo el mundo. Podemos compararnos con las estrellas de cine más famosas y con los entrenadores gurús más populares. Con las *fashionistas* que marcan tendencia y con las mujeres más ricas. La lista de personas a las que podemos seguir y con quienes podemos comparar nuestras vidas es interminable.

En mi proceso de maternidad, debo recordarme a mí misma que no es una competencia. Personalmente, he tenido que tomar la firme decisión de mantenerme alejada de esta trampa de la comparación. Entrar en el mundo de la maternidad ha presentado un sinfín de posibilidades para ello. Si no soy extremadamente cuidadosa en esta área, terminaré en un pozo de desesperación, porque mi vida no parece tan perfecta como lo que veo en línea.

Dios te está *llamando* a correr tu propia *carrera*.

Personalmente, he descubierto que necesito ser muy cautelosa con lo que permito en mi vida. En lugar de ver los programas de moda, escuchar las opiniones más populares y seguir la tendencia de cualquier persona, necesito asegurarme de que solo estoy permitiendo cosas en mi vida que me ayuden a correr bien esta carrera. Si permito cosas que constantemente me tientan a compararme, quizá no sea la mejor idea.

Estoy segura de que me entiendes.

Cuando dejamos de mirar a nuestra izquierda o a nuestra derecha (ya sea en la vida real o en línea) y, en lugar de eso, mantenemos nuestros ojos en Jesús, somos más capaces de correr la carrera que Dios nos ha puesto por delante. No estás llamada a correr mi carrera. No estás llamada a correr la carrera de Kristen, ni las de nuestras hermanas ni la de cualquier otra persona. Dios te está llamando a correr tu propia carrera.

Eso es todo. Él te equipará con la fuerza que necesitas para cada paso del camino.

Nosotras dos estamos muy agradecidas de que Dios no considere la vida como si fuera una especie de Juegos Olímpicos mundiales. No nos alinea en diferentes eventos para hacernos competir. Dios no nos enfrenta unas contra otras para luchar por la medalla de oro. En realidad, Él hace lo contrario. Él nos ha dado una hermandad en todo el mundo (compuesta por todas las jovencitas que creemos en Jesús) para animarnos unas a otras. Se supone que debemos estar aquí la una para la otra. Para apoyarnos mutuamente. Amarnos unas a otras. Para celebrarnos unas a otras. Para hacernos más fuertes unas a otras. Para usar nuestros dones y talentos singulares para edificar el Cuerpo de Cristo.

Celebremos la hermandad.

Cuando mires a tu izquierda y veas a una hermana hacer algo increíble, anímala. Cuando mires a tu derecha y veas a una hermana recibir una bendición extraordinaria, aliéntala. Cuando tu amiga vaya a esa cita con un chico espectacular, mientras tú todavía estás soltera, celebra esa alegría con ella. Cuando tu compañera de trabajo obtenga ese ascenso que esperabas, sé la primera en felicitarla. Cuando tu mamá/amiga publique fotos de las vacaciones de una semana que pasó con su esposo, pregúntale cómo fue y cuál fue su parte favorita.

Busca oportunidades para animar a tus hermanas, mientras corres tu carrera.

Todas estamos en diferentes temporadas de la vida. Tal vez seas una adolescente que trata de aprobar su próxima clase, o una graduada universitaria en busca de su primer empleo, o una veinteañera que ora para que Dios le traiga un esposo, o una recién casada que está aprendiendo a amar a su esposo, o una mujer casada con la esperanza de tener hijos, o una madre que simplemente trata de sobrevivir día a día. Dondequiera que estés en este momento, Dios quiere que te concentres en Él, mientras vives cada día solo para su gloria.

No permitas que la comparación te impida vivir la vida que Dios tiene justo frente a ti. Puedes descansar sabiendo que Dios es soberano. Elige correr tu carrera para su gloria. *Él es digno.*

Reflexiona

> Puedes descansar sabiendo que Dios es soberano. Él está trabajando para ayudarte a correr bien tu carrera. Mantén tus ojos enfocados en Él. *Mira a Jesús.*

Recuerda

★ La Biblia deja muy claro que el éxito no se trata de competir con los que nos rodean, sino de servir a Dios con entusiasmo.

★ La vida se trata de correr la carrera que Dios nos ha asignado individualmente a cada una de nosotras. Es una *carrera individual*, no una competencia grupal.

★ Cuanto más fijamos nuestros ojos en Él, más fielmente corremos en nuestro carril la carrera a la que Dios nos ha llamado.

* Cuando nuestros ojos están puestos en Jesús, no hay lugar para la comparación.

* Dios te está llamando a correr tu carrera. Él te equipará con la fuerza necesaria para cada paso del camino.

* Busquemos oportunidades para animarnos unas a otras, mientras corremos nuestra carrera.

ABRE **TU CORAZÓN**

Querido Señor:

Sé que tú dices que mantenga mis ojos en ti. Sé que esa es la respuesta para superar la trampa de la comparación. Pero es difícil. Es difícil cuando veo todos los "aspectos destacados" en las redes sociales. Es difícil cuando mis amigas parecen estar obteniendo todo lo que yo quiero tan desesperadamente. Ayúdame a correr mi carrera. Ayúdame a correr en mi propio carril y a concentrarme en vivir para ti. Ayúdame a entregar mi vida por los demás y servir a los que me rodean. Ayúdame a alegrarme con mis hermanas y amigas en lugar de compararme con ellas. Cambia los deseos de mi corazón para que esté más preocupada por glorificarte a ti. Quiero vivir para ti.

Amén.

Considera

Gálatas 5:13-14 (NBLA)

Porque ustedes, hermanos, a libertad fueron llamados; solo que no *usen* la libertad como pretexto para la carne, sino sírvanse por amor los unos a los otros. Porque toda la ley en una palabra se cumple en el *precepto*: «AMARÁS A TU PRÓJIMO COMO A TI MISMO».

Filipenses 2:1-11 (NBLA)

Por tanto, si hay algún estímulo en Cristo, si hay algún consuelo de amor, si hay alguna comunión del Espíritu, si algún afecto y compasión, hagan completo mi gozo, siendo del mismo sentir, conservando el mismo amor, unidos en espíritu, dedicados a un mismo propósito.

No hagan nada por egoísmo o por vanagloria, sino que con actitud humilde cada uno de ustedes considere al otro como más importante que a sí mismo, no buscando cada uno sus propios intereses, sino más bien los intereses de los demás.

Haya, *pues*, en ustedes esta actitud que hubo también en Cristo Jesús, el cual, aunque existía en forma de Dios, no consideró el ser igual a Dios como algo a qué aferrarse, sino que se despojó a Sí mismo tomando forma de siervo, haciéndose semejante a los hombres. Y hallándose en forma de hombre, se humilló Él mismo, haciéndose obediente hasta la muerte, y muerte de cruz. Por lo cual Dios también lo exaltó hasta lo sumo, y le confirió el nombre que es sobre todo nombre, para que al nombre de Jesús SE DOBLE TODA RODILLA de los que están en el cielo, y en la tierra, y debajo de la tierra, y toda lengua confiese que Jesucristo es Señor, para gloria de Dios Padre.

	Mateo 5:16
	Romanos 12:9-13
	Gálatas 6:9
PROFUNDO	Efesios 2:10
	Hebreos 12:1-3
	1 Pedro 4:10-11

HABLEMOS DE TI

1. ¿Hay alguien en tu vida que sea un gran ejemplo de alentar a los demás?

2. ¿De qué manera te comparas con los que te rodean?

3. ¿De qué manera las redes sociales han magnificado la trampa de la comparación para ti?

4. ¿Cómo nos libera de la comparación el "mirar a Jesús"?

5. ¿Por qué es importante correr nuestra propia carrera y no las carreras de quienes nos rodean?

6. ¿Cómo podría Dios querer usar tu recorrido singular para su gloria?

¡En ACCIÓN!

¡En ACCIÓN! Toma una hoja y escribe "Mi historia" en la parte superior. Debajo de eso, escribe tres o cuatro oraciones que describan los aspectos más destacados de tu recorrido de vida hasta este punto. A continuación, escribe "Dentro de cinco años". Debajo de eso, escribe tres o cuatro oraciones sobre las formas en que esperas correr en tu carril y servir a Jesús durante los próximos cinco años. Comienza a orar para que Dios te use para vivir para Él y que haga que los próximos cinco años de tu vida estén dedicados a darle gloria.

Corramos con
paciencia
la carrera
que tenemos
por delante,
puestos los ojos en
Jesús, el autor y
consumador
de la fe.

Hebreos 12:1-2

capítulo 12

Busca momentos
del reino

"¿Puedes creer que han pasado casi diez años desde que te casaste?", le dije a Kristen desde el asiento del acompañante de su auto. Las dos estábamos rumbo a prepararnos para una próxima conferencia. Como de costumbre, usamos el tiempo de camino a nuestro compromiso para ponernos al día.

—¡Es una locura! —respondió Kristen—. Algunos días parece que nuestra boda fue hace toda una vida, y otros días parece que fue ayer —hizo una pausa por un momento y luego dijo—: Es muy extraño. Mi vida hoy no es para nada lo que imaginé que sería hace diez años.

—¿Verdad que sí? —asentí—. A mí me sucede lo mismo.

—Hablando de bodas —continuó Kristen—, ¿qué pasó con ese vestido de novia extravagante que compraste? No el vestido que usaste para tu boda real, sino ese otro. El brillante estilo princesa.

Las dos comenzamos a reír.

No había pensado en ese vestido en mucho tiempo. Había estado colgado en el fondo de mi armario durante tanto tiempo que casi había olvidado que todavía estaba allí.

> **Dios tiene un plan *único* para cada una de nuestras vidas.**

Aunque había sido el vestido de mis sueños cuando lo compré, no era el vestido de mis sueños cuando me casé (casi diez años después). Simplemente, no podía imaginarme caminando por el pasillo hacia mi esposo en una explosión de Cenicienta. Ya no era yo. Lección aprendida: no compres tu vestido de novia hasta que tengas un novio a la vista.

Cuando se acercaba mi boda, decidí dar vuelta esa página y comprar un vestido diferente que representara mejor mis preferencias y estilos del momento.

Con todos estos recuerdos inundando mi mente, miré a Kristen con una sonrisa vergonzosa y le dije:

—Oh, Dios mío. ¡Ese vestido! Sí…, no vas a creer esto. Ese enorme vestido blanco *todavía* está guardado en el fondo de mi armario. Todavía lo tengo.

Kristen estalló en carcajadas.

—¡¿Qué?! ¿Quién hace eso? ¿Quién paga más de mil dólares por un vestido para luego nunca usarlo?

Supongo que las chicas espontáneas, que suelen improvisar y que están locas como yo, hacen eso.

Tal vez algún día encuentre una novia tierna que haya soñado con usar un vestido exactamente como ese. ¡La he estado buscando! Hasta entonces, el vestido probablemente continuará colgado en el fondo de mi armario y ocupará un lugar muy necesario. Mi pobre esposo se está quedando sin espacio por culpa de una esposa que quiere guardar no uno, sino dos vestidos de novia. ¡Se ganó la lotería cuando se casó conmigo!

Cuando Kristen y yo pensamos en la última década de nuestras vidas, sonreímos, porque algunas cosas nunca cambian. Como el vestido de novia que todavía está guardado sin usar en mi armario. Pero, a su vez, otras cosas han cambiado mucho: como el hecho de que ambas somos mujeres casadas, que ven a sus pequeñas familias crecer de maneras únicas y hermosas.

Al reflexionar en la última década, nos asombramos por el recorrido a través del cual Dios nos ha conducido. Hemos aprendido que no importa a dónde nos lleve el camino; si nuestro enfoque está en Cristo y si nuestra meta es construir su reino, vamos a florecer.

Y, en definitiva, esa es la historia de este libro.

Se trata de un Dios que ama a sus hijos lo suficiente como para guiarlos, dirigirlos y usarlos para su gloria. Dios tiene un plan único para cada una de nuestras vidas. Un plan que es diferente de lo que cualquiera de nosotras hubiera imaginado, pero mucho más hermoso al final. Un plan que incluye momentos en la cima de la montaña y estaciones en los valles oscuros. Un plan que, al fin y al cabo, pinta un cuadro que muestra el increíble talento del artista que lo pintó.

El panorama general

Revisemos algunos de los aspectos más destacados que hemos aprendido a lo largo de nuestro tiempo juntas.

Uno: Cuanto más conozcas el carácter de Dios, más segura estarás de confiarle tu futuro incierto.

Dos: Ya sea que Dios te dé o no los anhelos de tu corazón, puedes encontrar paz y plenitud duraderas en tu relación con Cristo.

Tres: Elegir no preocuparse no significa que no te importe el problema; significa que le encomiendas tu problema a Dios y le confías el resultado.

Cuatro: El gozo verdadero y el sufrimiento real pueden coexistir.

Cinco: Dios no es un Dios distante que está ajeno a las experiencias y los dolores humanos, sino un Padre íntimo, relacional y amoroso que camina con sus hijos a través del sufrimiento.

Seis: Filtrar tus emociones con la verdad no significa que ignores tus sentimientos; significa que involucras a Dios en tus sentimientos.

Siete: Dios es el pintor por excelencia. Un día mirarás hacia atrás y verás la hermosa obra maestra que Él pintó con tu vida para su gloria.

Ocho: Una vida entregada se centra en servir a Dios a lo largo de cada temporada.

Nueve: Cuando confías plenamente en Dios para que escriba su historia para tu vida, puedes mirar a tu alrededor y celebrar genuinamente lo que Él está haciendo en las vidas de quienes te rodean.

Diez: Dios siempre está obrando, incluso cuando no puedes verlo. Él está entrelazando las partes buenas, malas, duras y hermosas de tu historia para un propósito mayor.

Once: Puedes descansar sabiendo que Dios es soberano. Él está trabajando para ayudarte a correr bien tu carrera. Mantén tus ojos enfocados en Él. *Mira a Jesús.*

Si solo recuerdas una cosa al terminar este libro, esperamos que sea esta: Nunca compres un vestido de novia hasta que tengas un anillo en el dedo.

¡Es broma!

Aunque, ese no es un mal consejo.

En serio.

Lo que más anhelamos que te lleves de este libro proviene de algunas de las palabras más importantes que Jesús nos dejó. Seguro reconocerás este pasaje porque es comúnmente conocido como la Gran Comisión.

> Acercándose Jesús, les dijo: «Toda autoridad me ha sido dada en el cielo y en la tierra. Vayan, pues, y hagan discípulos de todas las naciones, bautizándolos en el nombre del Padre y del Hijo y del Espíritu Santo, enseñándoles a guardar todo lo que les he mandado; y ¡recuerden! Yo estoy con ustedes todos los días, hasta el fin del mundo» (Mateo 28:18-20, NBLA).

Eso es todo. Justo ahí. De eso se trata la vida, en última instancia.

Se trata de edificar el reino de Dios y engrandecer su Nombre. No se trata de construir nuestros propios pequeños reinos con nuestras familias perfectas y casas con cercas blancas. No se trata de construir una base de seguidores en las redes sociales que atraiga a las marcas reconocidas. No se trata de ser la joven más querida, respetada o admirada. No se trata de que la vida de tus sueños se haga realidad.

Se trata de mucho más que eso.

Y en ese "mucho más", se encuentran el verdadero gozo y esperanza.

Nosotras dos hemos descubierto una y otra vez que, cuanto más deseamos el reino de Dios, más se alinean nuestras prioridades terrenales con las prioridades del reino. Hemos descubierto que la paz y la satisfacción verdaderas vienen cuando estamos enfocadas en vivir para nuestro Rey.

La razón por la que hemos podido dar fruto en medio de nuestros propios anhelos insatisfechos, ha sido enfocarnos en construir el reino de Dios. Cuando yo (Kristen) me enfrenté a la realidad de que tal vez nunca llevaría un embarazo a buen término, tuve que recordarme a mí misma que, incluso en medio de mi dolor, Dios estaba cumpliendo sus buenos propósitos en mi vida de manera soberana (Salmo 138:8). Esta verdad me permitió continuar usando mi vida para amar y servir. Gracias a mi misión en el reino, mi vida tenía un propósito, incluso cuando no lograba entender lo que Dios estaba haciendo.

> La *paz* y la satisfacción verdaderas vienen cuando estamos *enfocadas* en vivir para nuestro Rey.

Cuando yo (Bethany) me cuestionaba por qué seguía soltera tantos años más de lo que había esperado o imaginado, me recordaba a mí misma que el propósito de mi vida era glorificar a Dios. Esa era mi razón de existir. Si Dios quería que yo llevara a cabo mi propósito como una mujer casada, Él me enviaría a un hombre. Si Él quería que yo cumpliera mi propósito como una mujer soltera, así permanecería. Al aceptar el propósito principal de mi vida en cada temporada, pude florecer plenamente.

Busca momentos del reino

Dado que el propósito central de nuestras vidas es glorificar a Dios y construir su reino, ¿cómo lo hacemos? ¿Se trata básicamente de abstenerte de gritarle a alguien que, de forma grosera y desvergonzada, te dice que eres "increíblemente alta"? Tampoco nos referimos a contener tus emociones desbordadas la próxima vez que regales a tu amado hámster. Aunque, puedes estar segura de que nunca volveremos a comprar hámsteres.

Entonces, ¿qué significa edificar el reino de Dios?

En realidad, es muy simple. Es cambiar la lente a través de la cual observas la vida. Es ver la vida a través de una lente que dice: "¿Cómo puedo guiar a alguien a Jesús hoy?". Se trata de buscar esos pequeños momentos para engrandecer su Nombre. Los momentos del reino podrían parecerse a cualquiera de los siguientes ejemplos:

Responder con amabilidad y gracia cuando alguien hace un comentario malo sobre ti en persona o en línea, mostrándole el amor de Jesús a pesar de sus acciones.

Elegir celebrar el compromiso de tu mejor amiga mientras todavía estás orando desesperadamente por un hombre para ti. Poner en acción Romanos 12:15.

Dar ese primer paso hacia esa compañera de trabajo conflictiva e invitarla a almorzar… ¡y hasta pagarle el almuerzo si puedes hacerlo!

Procurar la reconciliación con tus complicados suegros y mostrarles un amor sacrificial centrado en Cristo. Incluso cuando sientas que ellos están equivocados y tú estás en lo correcto.

Dedicar tiempo a orar por esa familia que todavía no ha sido salva y compartirles el evangelio de Jesús.

Elegir renunciar a comprarte ropa nueva para el verano, para apoyar a un huérfano que vive a miles de kilómetros de distancia.

Salir de tu zona de comodidad y ofrecerte como voluntaria para servir en la iglesia de la manera que más se necesite.

Orar y pedirle a Dios que te use de la forma que Él considere conveniente.

Hay infinitas oportunidades para procurar los momentos del reino. Solo debes estar dispuesta a colocarte en segundo lugar y poner a Dios primero. Implica quitar los ojos de lo que tú quieres de la vida y enfocarte en lo que Dios quiere de tu vida.

Hermana, queremos que dentro de diez años mires hacia atrás con gran alegría y felicidad por la forma en que has elegido vivir. Queremos que experimentes la plenitud de la vida que viene solo de vivir para glorificar a Dios. Queremos que mires hacia atrás con paz, sabiendo que confiaste tu futuro a Dios y le entregaste el pincel de tu historia.

Toma un momento ahora mismo para detenerte y hablar con tu Padre asombroso. Usa las palabras del Salmo 138 para pedirle que cumpla su buen propósito en tu vida.

> Te alabaré con todo mi corazón;
> Delante de los dioses te cantaré salmos.
> Me postraré hacia tu santo templo,
> Y alabaré tu nombre por tu misericordia y tu
>   fidelidad;

Porque has engrandecido tu nombre, y tu palabra
    sobre todas las cosas.
El día que clamé, me respondiste;
Me fortaleciste con vigor en mi alma.

Te alabarán, oh Jehová, todos los reyes de la tierra,
Porque han oído los dichos de tu boca.
Y cantarán de los caminos de Jehová,
Porque la gloria de Jehová es grande.
Porque Jehová es excelso, y atiende al humilde,
Mas al altivo mira de lejos.

Si anduviere yo en medio de la angustia, tú me
    vivificarás;
Contra la ira de mis enemigos extenderás tu mano,
Y me salvará tu diestra.
Jehová cumplirá su propósito en mí;
Tu misericordia, oh Jehová, es para siempre;
No desampares la obra de tus manos.

La imagen que Dios está pintando de tu vida todavía está en proceso. Todavía no ha terminado. Todavía habrá valles profundos y altas cimas de montañas por delante. El camino cambiará abruptamente y te presentará curvas cerradas y giros inesperados. Es posible que te encuentres en un bosque oscuro o en un campo iluminado por el sol. Dondequiera que Dios te guíe, recuerda que no se trata de llegar a la cima, sino de recorrer fielmente el camino.

Dale el pincel a tu amoroso Salvador.

Él quiere hacer mucho más con tu vida de lo que jamás imaginaste posible.

Cuando tu esperanza se encuentra en Jesús, puedes florecer. Mientras miras hacia delante y te preguntas qué será lo que sigue, descansa sabiendo que Dios se encargará de tu futuro. Él estará allí contigo. No importa a dónde te lleve el viaje.

La historia no ha terminado

Las dos pensamos que sería fenomenal compartir contigo una actualización de nuestras historias. Ya sabes, por si te preguntas qué es de nuestras vidas hoy.

Yo (Kristen) estoy disfrutando de nuestra nueva vida como familia de cuatro. ¡Todavía no puedo creerlo! Cada vez que uno de mis hijos me llama "mamá", me derrite el corazón en ese instante. Zack y yo estamos ayudando a nuestros hijos en sus clases de inglés, mientras también nos divertimos compartiendo algunos de nuestros pasatiempos y actividades favoritas con ellos, como por ejemplo, acampar. Cada día está lleno de alegrías y desafíos, que me mantienen en dependencia de Cristo. Y sí, Zack finalmente dejó que los chicos subieran con comida a su camioneta.

Yo (Bethany) estoy en modo mamá a tiempo completo. Davey Jr. está lleno de energía y en constante movimiento. Lo amo más que a la vida misma. A menudo me sorprendo a mí misma mirándolo con asombro. Casi sin poder creer que esta sea mi vida. Ese pequeño es lo mejor que me ha pasado. Si Dios lo permite, a David y a mí nos encantaría darle a Davey algunos hermanitos. Nos gusta la idea de tener una casa llena de niños. Y tal vez un perro también. David y yo todavía estamos conversando sobre eso. Niños, sí. Perro, tal vez. Veremos.

A Kristen y a mí nos encantaría contar con tus oraciones, mientras continuamos confiando en Dios y entregándole nuestras vidas. Y nosotras estaremos orando por ti. ¿Quién sabe? Tal vez en unos diez años escribamos la "parte 2" de este libro para contarte las muchas maneras en que Dios continuó trabajando en nosotras.

Hasta entonces, planeamos disfrutar del viaje. Es nuestra oración que tú también lo hagas. Hermana, animémonos unas a otras, en cada giro inesperado del camino.

Reflexiona

En última instancia, la vida se trata de construir el reino de Dios y de vivir para engrandecer su Nombre.

Recuerda

✴ Dios tiene un plan magnífico para cada una de nuestras vidas. Un plan que es diferente de lo que cualquiera de nosotras hubiera imaginado, pero mucho más hermoso.

✴ En última instancia, nuestro mayor propósito en la vida es construir su reino.

✴ Si el objetivo final de nuestra vida es algo más que Jesús, hemos perdido el norte. Hemos errado nuestro llamado.

✴ Él es la razón misma por la que existimos. Él es la razón por la que vivimos. Él es la razón por la que tenemos esperanza.

★ Queremos que experimentes la vida plena que proviene de vivir para glorificar a Dios.

★ Suelta el control. Dale el pincel a tu Salvador amoroso. Él quiere hacer mucho más con tu vida de lo que jamás imaginaste posible.

ABRE **TU** CORAZÓN

En cada uno de los once capítulos anteriores, hemos escrito una oración por ti. Ahora es tu turno. Queremos que esta vez escribas tu propia oración. Dedica unos minutos para tomar tu diario y escribir tu oración a Dios.

Considera

Mateo 28:16-20, NBLA

Pero los once discípulos se fueron a Galilea, al monte que Jesús les había señalado. Cuando lo vieron, *lo* adoraron; pero algunos dudaron.

Acercándose Jesús, les dijo: «Toda autoridad me ha sido dada en el cielo y en la tierra. Vayan, pues, y hagan discípulos de todas las naciones, bautizándolos en el nombre del Padre y del Hijo y del Espíritu Santo, enseñándoles a guardar todo lo que les he mandado; y ¡recuerden! Yo estoy con ustedes todos los días, hasta el fin del mundo».

Apocalipsis 4:11

Señor, digno eres de recibir la gloria y la honra y el poder; porque tú creaste todas las cosas, y por tu voluntad existen y fueron creadas.

Más **PROFUNDO**

Salmo 90:2
Salmo 102:25-27
Salmo 145
Juan 5:24
Juan 14:6
Apocalipsis 4

HABLEMOS DE TI

1. ¿Recuerdas algo que hayas hecho hace más de una década y que todavía es un recuerdo vívido? ¿Qué es?

2. Recapitula los aspectos más destacados que hayas encontrado en los capítulos 1-12. ¿Cuál de ellos te llamó más la atención y por qué?

3. ¿Cómo debería impactar la Gran Comisión en tu vida diaria?

4. ¿Cómo puedes construir el reino de Dios en lugar del tuyo propio?

5. ¿Cómo es posible progresar cuando la vida no va de acuerdo con tu plan?

¡En
ACCIÓN! Es hora de buscar un momento del reino. Toma cinco o seis notas adhesivas y un bolígrafo. Escribe las palabras "momento del reino" en cada nota adhesiva. Pega las notas en el espejo de tu baño. Durante los próximos días, permite que estas notas te recuerden que debes buscar momentos del reino. Cada vez que te encuentres haciendo algo que sea digno de un "momento del reino", saca una nota adhesiva del espejo y usa la parte posterior para escribir lo que hiciste. Continúa haciendo esto hasta que hayas usado todas las notas adhesivas del espejo.

AGRADECIMIENTOS

Dios: gracias, ante todo, por darnos la oportunidad de escribir este libro y por mostrarnos tu increíble fidelidad durante los altibajos de la vida.

Zack y Dāv: nuestros mayores fans. ¡Gracias por estar ahí para nosotras, una vez más! Parece que nunca se cansan de animarnos, y estamos agradecidas por eso.

Nuestras familias increíbles: gracias por estar siempre ahí para nosotras durante cada esfuerzo cuando escribimos libros. Sus oraciones, palabras de aliento e interés general en nuestros libros siempre nos dan el impulso que necesitamos.

Rebekah Guzman: gracias por creer en nosotras (nuevamente) y darnos la oportunidad de escribir este libro. ¡No podemos agradecértelo lo suficiente!

Patti Brinks: esta portada es hermosa y única, y nos encanta. Gracias por trabajar con nosotras para crear algo innovador para este libro especial. Eres la mejor.

Baker Books: su equipo es increíble. Realmente nos ha encantado trabajar con cada persona de Baker. Gracias por asociarse con nosotras para publicar *Esto no estaba en los planes*.

Amigos que nos apoyaron en el camino: gracias por recorrer con nosotras el proceso de un nuevo libro. ¡Estamos agradecidas por cada uno de ustedes!